LES ÉMIRATS DE LA RÉPUBLIQUE

FRANÇOIS PUPPONI

LES ÉMIRATS DE LA RÉPUBLIQUE

Comment les islamistes
prennent possession de la banlieue

LES ÉDITIONS DU CERF

www.editionsducerf.fr
24, rue des Tanneries
75013 Paris

ISBN 978-2-204-13416-3

Introduction

LA VÉRITÉ DE SARCELLES

J'ai grandi dans l'une de ces banlieues que l'on décrit aujourd'hui comme des territoires perdus de la République. La naissance dans les quartiers n'accorde pas de diplôme de compétence, mais un jour j'en ai eu assez d'entendre les beaux quartiers de Paris m'expliquer ce qui se passait dans ma banlieue populaire. Et surtout quelle politique les élus de ces communes devaient y conduire. C'était quand ? Je ne sais plus. Après l'Hyper Cacher ? Après le Bataclan ?

J'avais vingt ans d'expérience à Sarcelles, comme maire de l'une des villes les plus pauvres de France. J'avais connu un attentat islamiste en 2012, heureusement sans gravité, la grenade jetée contre un commerce juif n'ayant fait qu'un blessé léger. J'avais enduré la plus violente manifestation antisémite depuis la Seconde Guerre mondiale, un « dimanche de Cristal » qui avait vu déferler une horde barbare, le 20 juillet 2014, dans les rues de cette « petite Jérusalem » qui borde la synagogue de Sarcelles. J'avais assisté à l'ensauvagement de « jeunes issus de la diversité », chauffés à blanc par des professionnels du chaos liés à l'ultra-gauche. J'avais vu s'enraciner, depuis cinq ans, les partisans d'un islam tellement radical que mes administrés originaires de pays musulmans, leurs enfants ou leurs petits-enfants, terrorisés, m'avaient appelé au secours… Fallait-il dès lors que j'accepte d'entendre les champions de la bien-pensance tirer à boulets rouges contre ceux qu'inquiète la montée de ces dangers ? Fallait-il que je supporte les leçons d'« antiracisme » données par nos élites ?

J'ai donc décidé qu'il était temps de témoigner, de raconter ces vingt années d'expérience municipale, ces presque cinquante-sept années de vie à Sarcelles, dont plusieurs décennies passées dans le Grand Ensemble — la trop fameuse « cité-dortoir » —, au contact quotidien des populations venues du Maghreb et d'Afrique noire. J'ai décidé de me faire le porte-parole de ces banlieusards anonymes, de ces gens que l'on n'invite jamais sur les plateaux de télé parce qu'ils s'expriment trop mal, de ces concitoyens auxquels on a confisqué la parole parce qu'ils ne répètent pas le message politique que l'on attend d'eux, dont on rectifie la pensée quand il leur arrive de ne pas voter comme on voudrait, et que l'on instrumentalise pour dire à leur place la vie des « quartiers » telle que la rêvent les beaux quartiers. J'ai décidé qu'il était devenu indispensable, contre la désinformation, de faire connaître aux Français la vérité des banlieues.

La vérité de Sarcelles, ce sont quatre communautés principales qui vivent en assez bonne intelligence, dans un urbanisme cinquantenaire en perpétuelle rénovation et une situation économique difficile, avec 22 % de taux de chômage, 6,5 % de personnes au RSA et un revenu inférieur de 32 % à la moyenne nationale. La première de ces communautés est composée de Français d'origine, pauvres gens chassés des régions de l'Hexagone ou des Antilles par l'exode rural et la crise industrielle. Les quatre autres populations, d'égale importance, plongent toutes leurs racines dans le monde musulman d'aujourd'hui : Juifs séfarades rapatriés d'Afrique du Nord, chrétiens d'Orient venus pour la plupart de Turquie, d'Irak et de Syrie d'où ils ont fui les persécutions, immigrés du Maghreb et d'Afrique noire, venus travailler dans les usines d'Ile-de-France et, plus récemment, ressortissants turcs et pakistanais poussés hors de chez eux par la misère.

La vérité de Sarcelles, comme de toute la banlieue, est celle d'une communauté musulmane paisible dont une petite moitié seulement continue d'avoir une pratique religieuse. La majorité, ce sont « des Français comme les autres ». Des Français des classes laborieuses, des Français de la *middle class*, qui vivent comme vous et moi, qui s'habillent comme vous et moi, qui votent comme vous et moi, et qui restent attachés à leur culture ultra-méditerranéenne, comme je le suis à ma culture corse, et comme leurs voisins ont gardé la nostalgie de leur Bretagne, d'Alger la blanche ou de la plaine de Ninive. Le Coran ? La plupart se contentent que leur prénom y fasse référence. Peut-être célèbrent-ils aussi les fêtes les plus importantes, comme la majorité des Français fêtent Noël. Si on les qualifie toujours de musulmans, c'est par facilité ou par paresse, parce qu'on a pris l'habitude de désigner ainsi nos compatriotes lorsqu'ils ont ces origines ethniques et géographiques. Mais c'est aussi à tort, parce qu'eux ne se définissent plus en raison de leur supposée appartenance à une religion. Tout au plus se disent-ils : « Français de culture musulmane ». Certains diront que ces enfants de l'immigration sont « assimilés », qu'ils sont des citoyens français à part entière, conformes à l'idée que s'en font les fondateurs de la République, qu'ils se sont « appropriés » la nation, qu'ils s'identifient à la France, qu'ils s'assimilent aux Français, avec leurs différences et avec leurs ressemblances.

Ces Français qui ne souhaitent plus être « réduits » à l'islam ne sont pas pour autant séparés du reste de cette communauté de culture musulmane. Les gens « qui pratiquent », ce sont leurs voisins, souvent leurs cousins, voire leurs parents proches. Ces « musulmans républicains », comme j'aime à les appeler, sont en tout cas partisans d'un islam très tolérant à l'égard des adeptes d'autres religions et de ceux qui ne sont pas croyants. Sont-ils en train d'inventer un islam des Lumières ? Ce n'est pas à moi de le dire. Ce dont je suis sûr, en revanche, c'est qu'ils revendiquent des croyances religieuses compatibles avec les principes de la République. Pratiquant ou pas, les gens de cette communauté ne sifflent pas la Marseillaise. Ceux-là sont attachés à la démocratie et à la laïcité. Ceux-là appartiennent à la grande famille française. Ceux-là veulent prendre leurs responsabilités dans la cité. Ceux-là sont d'ailleurs venus soutenir Emmanuel Macron, le 27 avril 2017, quand le candidat à la présidence de la République a fait campagne dans leur ville.

La vérité de ces banlieues, c'est aussi l'irruption de l'islamisme radical. Depuis cinq ans à Sarcelles, parfois dix ou quinze ans ailleurs, des individus inquiétants ont fait leur apparition dans le paysage banlieusard. De qui s'agit-il ? Presque essentiellement de Français issus de la deuxième ou de la troisième génération d'immigrés maghrébins, ainsi que des primo-arrivants débarqués de Turquie et des ressortissants étrangers originaires des mêmes pays. Leur accoutrement leur permet de former une minorité délibérément « visible » : gandoura, barbe fournie et calotte pour les hommes ; abaya, niqab ou tout autre voile extrêmement couvrant, comme on en porte dans le Golfe arabo-persique, pour les femmes.

Leur doctrine ? Revenir à la « pureté » de l'islam des temps du prophète Mahomet (570-632), ce qui suppose principalement le remplacement du Code pénal par la charia, cette « justice » coranique qui mutile les délinquants et lapide les femmes adultères — n'en déplaise à Georges Brassens qui chantait de façon prémonitoire « ne jetez pas la pierre à la femme adultère » —, et qui soutient l'idée de la supériorité de l'homme sur la femme. Ils combattent « l'emprise laïque occidentale » et « l'imitation aveugle du modèle européen », défendant le principe d'un islam de conquête, comme au

VIIe siècle de notre ère, qui convertisse de gré ou de force les peuples dits mécréants et s'impose partout dans le monde. Dans cette perspective, la France, qui est peuplée, même partiellement, de musulmans, doit évidemment devenir, selon eux, une terre islamique.

Cette vision du monde héritée du haut Moyen Âge est évidemment délirante. Il s'agit d'un projet démentiel et mortifère, aussi dangereux que ceux dits de « société sans classes » ou de « pureté raciale », qui ont produit tellement de désastres — humains, sociaux, économiques, environnementaux — tout au long du XXe siècle. Cette vision délirante a été fabriquée, promue, diffusée par des énergumènes qui sont pour la plupart d'un niveau culturel et intellectuel affligeant, même si mon opposant local a une formation de professeur d'histoire et si Tariq Ramadan a des diplômes de philosophie dont les conditions d'octroi ont été questionnées. J'ai donc écrit ce livre parce qu'il faut combattre toutes les idéologies totalitaires, l'islamisme comme naguère le nazisme et le stalinisme, même si les nostalgiques des deux anciens totalitarismes, de ces deux monstruosités d'origine européenne qui sont aujourd'hui en voie de disparition, accusent de racisme les adversaires de la nouvelle bête immonde, sous prétexte qu'elle nous arrive du Moyen-Orient.

Alors, l'islamisme, combien de divisions ? Une centaine d'individus, peut-être 150, à Sarcelles ; entre 72 et 160 000 à l'échelle du pays, selon différents experts. La plupart d'entre eux, à Sarcelles ou dans toute la France, sont simplement assommants, mais une infime minorité est véritablement dangereuse. Selon Laurent Nuñez, alors Directeur général de la sécurité intérieure, ces derniers représentent 18 000 fichés S, dont 4 000 sont particulièrement surveillés par la DGSI. Qu'est-ce que cela veut exactement dire ? Que 2,5 % de ces islamistes radicalisés sont susceptibles, selon les services de sécurité, d'un passage à l'acte violent. En octobre 2019, Christophe Castaner, ministre de l'Intérieur, a révélé qu'au cours des six années précédentes, 60 attentats terroristes avaient été évités grâce à la vigilance de ses fonctionnaires. Pour les services de sécurité, il ne fait aucun doute que la plupart des terroristes sont issus de la mouvance islamiste. La frontière entre l'islam radical et le terrorisme est poreuse.

Jérôme Fourquet, politologue à l'IFOP, l'expliquait récemment en prenant l'exemple du terrorisme d'extrême gauche des années 1970 et 1980. Les groupuscules maoïstes, trotskistes, anarchistes partageaient toutes leurs idées avec ceux qui avaient basculé dans la lutte armée, mais s'en différenciaient sur les moyens de prendre le pouvoir. De temps à autre, un membre de ces formations crépusculaires passait de l'autre côté sans qu'on puisse vraiment le prévoir. La sociologie des relations entre l'islamisme et le terrorisme est identique à celle, il y a quarante ans, de ces ultra-gauches. Tous les islamistes, aussi sinistres soient-ils, ne sont pas des terroristes, mais la plupart de ces assassins, que l'on peut estimer à quelques dizaines depuis le début de cette vague sanglante, est issue de leurs rangs. Mickaël Harpon, le terroriste de la préfecture de police, en octobre 2019, vient de la mouvance islamiste. Pareil pour Chérif Chekatt (fiché S), celui du marché de Noël, en décembre 2018 à Strasbourg. Mohammed Merah (fiché S), l'assassin des enfants juifs de Toulouse, en 2012, est lui aussi issu d'une famille islamiste. Mehdi Nemmouche (fiché S), le tueur du musée juif de Bruxelles, en mai 2014, les frères Kouachi (fichés S), assassins terroristes de Charlie Hebdo, plusieurs membres du commando terroriste du Bataclan, le meurtrier du lieutenant-colonel Arnaud Beltrame, en février 2018 près de Carcassonne, sont tous issus de la mouvance islamiste. Et cette liste est loin d'être exhaustive.

Quel rapport y a-t-il entre ces milieux islamistes, dont la composante terroriste, et la communauté dite musulmane dont il était question plus haut ? Aucun. Les Français de culture musulmane et les Français musulmans n'ont pas le moindre lien avec cet islamisme des ténèbres. Simplement, ils ont peur d'être confondus avec les radicalisés ou même les terroristes. Leur crainte n'est d'ailleurs pas infondée, certains n'hésitant pas à franchir le pas. Il n'y a qu'à entendre certains militants d'extrême droite. Il n'y a qu'à entendre les islamistes eux-mêmes. Parce que les radicalisés aimeraient que les autres Français confondent la communauté dite musulmane avec leur mouvance. Ils rêvent d'arracher à la République les Français de culture musulmane, ils voudraient que le fossé ne soit pas là où il se trouve, mais qu'il passe entre cette communauté et le reste de la population.

C'est pourquoi les islamistes tentent de gagner d'autres milieux à leur cause. Le premier, ce sont les bandes de jeunes à la dérive. La banlieue les désigne sous le vocable de « racailles », si bien qu'eux-mêmes, par dérision, se qualifient, en verlan, de « caillera ». Ce ne sont pas des « racailles », mais de pauvres types qui n'ont pas suffisamment réussi pour s'arracher à ces banlieues pauvres. À Sarcelles, il y a beaucoup de jeunes qui réussissent leur vie professionnelle, souvent après avoir fait de bonnes études. Quelle est leur première préoccupation ? Aller vivre ailleurs. Croyez bien que je le déplore, mais mes jeunes en situation de réussite s'en vont. Reste les autres, ceux qui n'arrivent pas à s'en aller... Il n'y a pas de secret, beaucoup sont de purs produits de l'échec scolaire. Pas tous, mais beaucoup. Les plus malins s'en sortent par la politique, le plus souvent à l'extrême gauche. Ils sont racolés par le Parti communiste ou une autre chapelle, grenouillent dans le socio-culturel municipal ou le monde associatif et prennent souvent l'ascendant sur les bandes. D'autres ne font rien, vivent des minima sociaux : ils « tiennent les murs ». D'autres encore s'activent dans les réseaux de distribution du cannabis. D'autres enfin s'illustrent dans la délinquance, avec beaucoup d'assiduité.

Ces « jeunes issus de la diversité », représentatifs d'une jeunesse et d'une diversité en situation d'échec, sont des esprits faibles, perméables aux discours idéologiques simplistes. L'ultra-gauche leur dit : « Les Français sont complices d'Israël qui assassine les pauvres Palestiniens. » Les islamistes leur disent : « La France ne t'aime pas, elle est islamophobe, elle est raciste. » Des slogans, repris en boucle comme des mantras par des groupuscules anxiogènes comme « les Indigènes de la République. Le plus grave, bien sûr, c'est que cette jeunesse à la dérive gobe ces bêtises sans sourciller. C'est comme cela que l'on se retrouve avec des zèbres qui cumulent les qualités : à la fois dans l'échec intellectuel et professionnel, dans la délinquance et la radicalité. Ceux qui basculent dans le terrorisme ne font pas exception à cette règle. À 29 ans, Chérif Chekatt alignait 67 antécédents judiciaires, dont 25 condamnations. S'il faut appeler un chat un chat, les frères Kouachi, Nemmouche, Merah étaient tous des petites crapules.

Combien d'islamistes et de jeunes à la dérive compte-t-on, en tout, à Sarcelles ? Sans doute dans les 100 à 200 individus, principalement des hommes. Depuis la disparition des troupes du parti communiste, ce sont eux les militants politiques, eux qui quadrillent la cité, eux qui mettent les quartiers en coupe réglée. En jogging Nike ou en gandoura, moins de 5 % de la communauté de culture musulmane harcèle, terrorise la totalité de cette population, sans oublier évidemment de s'en prendre aux Assyro-Chaldéens, aux Juifs, aux autres Français d'origine. Ces 100 à 200 olibrius font vivre un enfer à 60 000 habitants.

Les autres alliés que les islamistes ont gagnés à leurs thèses sont les islamo-gauchistes. Toute l'extrême gauche, toute une partie de la gauche traditionnelle, beaucoup d'« intellectuels » divers et variés, liés à ces courants politiques, ont rejoint le combat des islamistes. Moi qui ai toujours été de gauche, je n'ai jamais compris cette prétendue « gauche ». Faut-il quand même qu'elle haïsse la France et ses habitants : après s'être battue pendant des décennies pour les livrer aux dictatures communistes, voilà que cette « gauche radicale », comme on l'appelle, rêve de les vendre à un enfer islamiste. Moi, ce sont plutôt les tenants d'un « islam éclairé » qui font mon admiration, les gens qui réussissent à adapter cette religion aux principes de la République. Ou encore ceux qui ont fait le choix de s'affranchir de la croyance en le divin, car on a encore le droit d'être « libre penseur », il me semble ? À l'opposé, les islamo-gauchistes n'ont qu'estime, qu'admiration, que fascination et que vénération pour ce prétendu islam du VIIe siècle, cet islam qui asservit les femmes, cet islam qui mutile, cet islam de conquête, cet islam qui veut instaurer un régime de terreur.

Pourquoi cette « gauche niqab » défend-elle une pareille abomination ? Pourquoi taxe-t-elle de raciste quiconque combat cette vision d'apocalypse et ses pratiques infâmes ? Pourquoi la gauche niqab feint-elle de croire que s'attaquer à l'islamisme, c'est s'attaquer tous les Français de culture musulmane ? Pourquoi la gauche niqab confond-elle nos compatriotes avec ces barbus fanatisés ? C'est là que se situe le racisme de cette « gauche » : dans l'assimilation systématique de ces concitoyens à des primates remontés des temps obscurs. Pourquoi la gauche niqab fait-elle l'amalgame entre 8,5 millions de personnes qui portent un prénom et/ou un nom d'origine musulmane et 160 000 fous d'Allah enturbannés ? D'abord parce que cette gauche est *réactionnaire* au sens littéral du terme (« opposé au changement ou qui cherche à restaurer le passé », *in* Trésor de la Langue française). Autrement dit, cette gauche niqab est opposée à un islam qui change, qui s'adapte. Elle préfère restaurer un islam du passé. Ensuite parce que cette gauche niqab est l'alliée objective d'un islamisme, celui des Frères musulmans, qui vomit la démocratie libérale tout autant qu'elle la vomit elle-même. Si elle soutient l'islam radical, c'est donc parce qu'elle veut détruire la même organisation sociale que lui, le fameux « capitalisme ». Si elle soutient l'intégrisme musulman, elle ne soutient en revanche pas l'intégrisme catholique parce qu'il ne s'est pas donné pour projet de détruire l'économie de marché. Et puis enfin cette « gauche », qui ne représente plus rien depuis cinquante ans, doit aussi jubiler, je n'en doute pas un instant, de revenir ainsi sur le devant de la scène.

Les islamistes ne cessent de progresser. Solidement encadrés par leurs supplétifs, ils gagnent du terrain. Face à eux, une classe politique tétanisée comme des grenouilles face à un serpent. Devant l'islamisme, des élus pétris de lâcheté battent la retraite. La France doit-elle se convertir à cette doctrine obscure ? Ce vieux pays de 67 millions d'habitants, fier de sa culture et de son histoire, doit-il mettre le genou à terre devant une minorité exogène et arriérée ? Lors des élections municipales précédentes, et surtout en 2014, les islamistes avaient installé leurs hommes, et parfois leurs femmes, au cœur des listes présentées par des partis traditionnels, avec la complicité, la passivité ou l'ignorance de leurs chefs de file. Ils avaient ainsi noyauté des listes dirigées par le PCF, par les socialistes ou par l'UDI. Certains maires des banlieues populaires ont fait le choix de négocier avec eux, dans l'espoir insensé de les amadouer. L'actuel maire de Sarcelles, que j'ai moi-même installé dans son fauteuil, a accepté le baiser de la mort, sitôt que j'ai eu le dos tourné. En 2020, les islamistes s'apprêtent à présenter des listes sous leur propre bannière, que la France insoumise, le Parti communiste et peut-être le Parti socialiste ont d'ores et déjà décidé de soutenir. Ils veulent faire un pas de plus vers le pouvoir. Un pas décisif. Un canal de discussion entre les Frères musulmans et Emmanuel Macron a même été établi, comme le révélera ce livre. Ce truchement ne demande plus qu'à être activé.

C'est à se demander si dans sa pusillanimité, l'État n'a pas fait le choix de quelques accommodements. La « paix des banlieues » contre une poignée de mairies, notamment dans le Val-d'Oise. Celle de Garges-lès-Gonesse où mon adversaire islamiste est arrivé en tête au second tour des législatives de 2017. Celle de Goussainville, d'autres encore. À Mantes-la-Jolie, à Trappes, à Maubeuge ou ailleurs, on déblaie le terrain. Disons-le sans ambages, les partis font place nette devant les islamistes et leurs supplétifs. C'est l'ambiguïté du PS d'Olivier Faure et de Rachid Temal qui m'a fait rendre ma carte. Les services de l'État eux-mêmes ont choisi de se livrer à un jeu trouble. Que cherche le préfet du Val d'Oise quand il refuse d'interdire les manifestations auxquelles appellent les islamo-gauchistes ? Que veut le ministère de l'Intérieur quand il refuse d'expulser un imam considéré comme dangereux par la justice ? Que veulent réellement les tribunaux qui s'efforcent de m'engluer dans une succession d'affaires ?

J'ai écrit ce livre pour livrer ma part de vérité à ces compatriotes qui n'ont pas encore été confrontés à cette réalité. Parce qu'il y a plusieurs France. Un pays profond qui, de Douarnenez à Royan, de Sarreguemines à Remiremont, de Saint-Malo à Lisieux, de Cholet à Aurillac, de Saint-Jean-de-Luz à Banyuls, de Manosque à Gap, et de Sartène à Calvi, méconnaît encore, soixante ans après le début de cette vague, l'immigration transméditerranéenne. Il y a aussi de grandes villes — Paris, Lyon, Nice, Bordeaux, Le Mans, Angers, Reims, Dijon, Limoges — où les habitants de diverses origines, et surtout de différentes religions, se côtoient paisiblement. Le terrorisme islamique lui-même, qui a pourtant frappé à plusieurs reprises la capitale, n'a pas réussi à détruire la bonne entente de ses populations, qui est restée courtoise, parfois amicale, marquée par le dialogue et par l'échange. D'autres grandes villes sont davantage la cible des réseaux islamistes décrits plus haut, pour des raisons qui ne sont pas toujours étrangères aux politiques municipales, aux complaisances locales. Le résultat, c'est que les fondamentalistes réussissent à y faire des accrocs, voire à y déchirer des pans entiers du tissu sociétal. Enfin, il y a ces banlieues rongées par le cancer islamiste, et qui doivent chaque jour se battre pour contenir la propagation du mal, ces malheureuses communes dont on se demande parfois si elles ne vont pas bientôt basculer dans le gouffre noir qui en fera des enclaves islamiques. C'est une situation, d'ailleurs, dont la grande majorité de nos Algériens, de nos Marocains, de nos Tunisiens, de nos Maliens et de nos Sénégalais ne voudraient pas dans leur ville natale.

Je veux raconter à nos compatriotes du pays profond ou de ces grandes villes encore épargnées par l'islamisme la galère dans laquelle nous nous débattons. Je veux assurer les banlieusards de la solidarité de tous les Sarcellois, leur dire qu'on ne les abandonnera pas, que l'on continuera de se battre, derrière le drapeau de la République, pour défendre leur liberté. Je veux dire à mes anciens administrés de toutes les confessions, de toutes les origines, que jamais je ne baisserai les bras. Je veux dire aux milliers de Sarcellois d'origine musulmane – qu'ils aient cessé de croire en Dieu ou qu'ils soient restés croyants –, je veux dire à Hammadi

Kaddouri et à Mamadou Gassama, les présidents des associations gestionnaires de nos mosquées, combien je sais leur attachement aux valeurs de la République, combien je connais leur volonté de vivre en bonne intelligence avec leurs voisins. Je veux témoigner dans ce livre des efforts consentis par ces musulmans républicains pour tenir à distance les partisans d'un totalitarisme religieux et pour garder intacts les liens qu'ils ont patiemment tissés avec leurs voisins d'autres origines. Je veux aussi prévenir tous ceux qui sèment la haine que nous ne nous laisserons pas faire.

Gilles Kepel, Hugo Micheron, Bernard Rougier et d'autres universitaires arabisants n'ont de cesse de tirer les sonnettes d'alarme. Les islamistes avancent le prétexte d'une défense de la religion musulmane, qui n'est pourtant nullement attaquée, pour engluer les populations immigrées dans leur idéologie. C'est une véritable école de la haine qu'ils nourrissent, les esprits faibles évoqués précédemment étant encouragés à haïr tout Français d'origine européenne. La France doit affronter une véritable subversion venue de l'intérieur. Et comme le discours, mille fois répété, d'une prétendue « islamophobie d'État » a contaminé les plus vulnérables, il faudra retourner un à un les Français qui croient, feignent de croire ou assurent que vous êtes un fasciste lorsque vous vous opposez à cet islam du VIIe siècle. Il faudra convaincre l'un après l'autre les citoyens, les politiques, les élus, les journalistes, les intellectuels, les chercheurs ou les penseurs que personne, dans la France du XXIe siècle, ne peut tolérer une « religion » qui veut mutiler les voleurs, égorger les apostats et lapider les femmes adultères. Pourquoi ce livre ? Pour dire aux femmes et aux hommes épris de liberté qu'il ne faut jamais capituler. Que la guerre des islams est aussi notre guerre, et que s'il existe un islam des ténèbres, il existe aussi un islam des Lumières.

J'ai écrit ce livre à cause de ce Mickaël Harpon évoqué plus haut, à cause de cet adjoint administratif à la Direction du Renseignement de la préfecture de police de Paris, le Saint des Saints de la lutte antiterroriste, qui a poignardé quatre de ses collègues le 3 octobre 2019. D'où est-il venu, le monstre qui, comme nous met en garde la Marseillaise, est venu « égorger nos fils et nos compagnes » ? Pas de Raqqa, pas de Mossoul, mais d'une résidence coquette de Gonesse, commune voisine de Sarcelles. Et qui fréquentait ce converti, au prénom si chrétien ? Les habitués de la mosquée de la Fauconnière, à Gonesse. Et qui prêchait dans cette mosquée ? Rien que des hommes de paix, des apôtres d'une religion d'amour, des ardents défenseurs des principes de la République, nous jurent — croissant de bois, croissant de fer — le maire socialiste de Gonesse, les journalistes du Parisien et les intéressés eux-mêmes. L'embêtant, c'est que Zineb El Rhazoui, l'ancienne journaliste de Charlie Hebdo, la courageuse combattante anti-islamisme menacée de mort et de viol, n'est pas du même avis. L'ennui, c'est que Zineb est davantage crédible quand il s'agit d'évaluer la radicalité supposée des imams de Gonesse que les imams de Gonesse eux-mêmes. Elle est plus crédible aussi que les journalistes du *Parisien* et que le maire de Gonesse. Et qu'écrit-elle dans *Le Point* du 11 octobre 2019 ? Qu'en dépit de ses dénégations, l'un de ces imams, Hassan el-Houari, est proche des Frères musulmans, que d'ailleurs il « diffuse la pensée d'Ibn Taymiyya, référence idéologique du djihadisme ». Qu'un deuxième imam de Gonesse, Youssef Baouendi, alias Abou Khoteyeb, promeut l'islam wahhabite saoudien en tant que représentant de la Ligue islamique mondiale, une organisation basée à La Mecque. Que le troisième, Ahmed Hilali est quoiqu'il en dise affilié à la mouvance salafiste.

Ces imams ont-ils « radicalisé » l'assassin de la préfecture de police ? On ne le saura sans doute jamais, même si Ahmed Hilali, qui observe, selon sa propre épouse (dans *Le Parisien* du 9 octobre 2019), une radicalité à faire froid dans le dos, a été entendu par la police judiciaire. Moi, je sais seulement que cet Hilali a été un éphémère imam de Sarcelles, après que l'une de mes mosquées, d'obédience modérée, l'avait recruté à la suite de ce que l'on pourrait considérer comme une « erreur de casting ». Le temps de s'apercevoir qu'il était tenté de convertir leurs jeunes à des pratiques radicales, et les dirigeants de la mosquée Foi et Unicité l'avaient licencié. De mon côté, j'avais fait un signalement, suite à quoi le préfet du Val-d'Oise avait pris à l'encontre de ce ressortissant marocain une obligation de quitter le territoire français. Celui-ci ayant déposé un recours, le ministère de l'Intérieur a annulé la décision d'expulsion, au prétexte que l'étude de son dossier ne la justifiait pas. Moyennant quoi, il a pu continuer de professer, mais ailleurs qu'à Sarcelles, un islam que chérissent apparemment certains journalistes, mais pas les musulmans républicains. Alors, si l'enquête établissait que cet Hilali avait joué un rôle quelconque dans la radicalisation du terroriste, c'est la responsabilité de l'État qui aurait été mise en cause...

J'ai écrit ce livre dans l'espoir que l'un des tout premiers responsables de l'État le lira, en sachant toutefois que nos dirigeants écoutent rarement les conseils qui leur viennent du terrain. L'incroyable cacophonie laissée par le gouvernement et les services de l'État lors de l'attentat du 3 octobre devrait les inciter à tout remettre à plat. Songez seulement que le terroriste était habilité secret-défense et vous comprendrez pourquoi Abou Bakr al-Baghdadi n'avait pas baissé les bras. Vous souvenez-vous de l'air égaré du ministre Laurent Nuñez lorsque je lui ai demandé, à l'Assemblée nationale, pourquoi l'imam Hilali n'avait pas été renvoyé au Maroc, comme la préfecture du Val-d'Oise l'avait décidé ? Sachez encore que les enquêteurs ont mis une dizaine de jours pour interpeller cet imam, parce qu'ils « n'arrivaient pas à le localiser », alors qu'il donnait des conférences de presse. Si l'on veut cesser de laisser croire aux Français que les agents de la DGSI ressemblent à des flics de la Keystone, il est urgent de refonder profondément notre dispositif antiterroriste, faute de quoi ce gouvernement, comme ceux qui l'ont précédé, restera dans l'histoire comme un gouvernement de marches funèbres. Enfin, et au-delà des dysfonctionnements de notre appareil de sécurité, acceptons de dresser un constat plus inquiétant, car l'attentat de la préfecture de police est une conséquence de cet islamisme des banlieues qu'à Sarcelles nous combattons tous les jours et qu'à Paris on refuse obstinément de voir. Il y a quelque chose de pourri au royaume du Danemark...

J'ai écrit ce livre avec l'espoir de contribuer à faire prendre conscience à nos dirigeants de la nécessité d'organiser l'islam de France, après tant d'années de procrastination. N'abandonnons pas les Français et les ressortissants étrangers de culture musulmane, qu'ils soient pratiquants ou ne le soient pas. Ne les laissons pas en première ligne, subir au quotidien les menaces des islamistes. Il est impératif de resserrer les liens avec ces concitoyens qui sont la cible prioritaire des forces obscures. Personnellement, je vais m'y employer. D'origine algérienne ou corse, juifs, agnostiques ou musulmans, hommes ou femmes, nous sommes un seul peuple, une seule nation, une seule France. C'est pourquoi je continuerai de combattre l'hydre islamiste. Je continuerai à réclamer l'émergence d'un « islam de France », avec des règles claires, comme les concordats de 1801, de 1802 et de 1808 ont établi un « catholicisme de France », un « protestantisme de France » et un

« judaïsme de France ». Ce concordat avec la République est souhaité par la majorité des musulmans de France. Le CFCM en était l'embryon. S'il n'a pas abouti à la fondation d'un consistoire, c'est parce que certains représentants de cette religion, certaines associations proches des milieux conservateurs, et notamment des Frères musulmans, s'y opposent.

En contrepartie de cette avancée républicaine, je propose que nous réfléchissions au financement des lieux de culte. Si nous voulons éviter qu'ils ne soient financés par des fonds wahhabites saoudiens, nous devons aider les pratiquants à construire leurs mosquées. Il faut bien voir que la loi de 1905 conduit à un traitement inégal entre les religions implantées en France depuis des siècles et celles qui ne s'y sont installées que très récemment. Si les financements publics ne construisent plus d'églises depuis 1905, ils entretiennent et réparent ce patrimoine catholique dont les collectivités et l'État sont d'ailleurs propriétaires. Je propose donc un moratoire de dix ans sur le financement des lieux de culte pour permettre aux collectivités de financer des mosquées, en conséquence de quoi, ce sont bien sûr celles-ci qui en seraient propriétaires, comme des églises, des temples et des synagogues construits avant le vote de la loi de séparation des Églises et de l'État.

En échange d'un consistoire garantissant le respect d'un « islam de France », la République autoriserait donc le financement des mosquées par les collectivités.

Un créneau de dix ans suffirait pour garantir aux pratiquants un nombre suffisant de mosquées et ainsi éviter les prières de rues. Entre-temps, les lieux de cultes actuels accepteraient le contrôle des préfectures. Tous les lieux de cultes, bien sûr, et pas les seules mosquées. La formation des imams serait également régie par le concordat et placée sous le contrôle du consistoire, comme c'est par exemple le cas de la formation des rabbins. En conclusion, je suis certain qu'il existe des solutions permettant de garantir à nos 8,5 millions de concitoyens de culture musulmane un avenir paisible dans le creuset républicain, et de sortir la France de l'ornière dans laquelle l'ont poussée les islamistes. Il est temps de mettre l'une de ces solutions en œuvre.

J'ai écrit ce livre parce que le président de la République doit parler. Il doit parler aux Français pour les rassurer quant à la volonté de la République de combattre ce totalitarisme du XXIe siècle comme nous avons combattu ceux du siècle dernier. Il doit parler aux musulmans et aux personnes de culture musulmane pour leur dire qu'ils ont toute leur place dans la nation, mais que l'islam devra accepter des règles de compatibilité avec nos valeurs françaises et républicaines. Il faut en même temps que le président les rassure, leur dise qu'il ne les abandonnera pas aux griffes de l'hydre, qu'il les protégera contre les agissements des fous d'Allah, qu'il ne les laissera pas dans ce tête-à-tête mortifère avec les partisans d'une idéologie moyenâgeuse. J'ai écrit ce livre parce que le gouvernement ne semble pas avoir les idées claires face à ce fléau, parce qu'il ne semble pas avoir pris la mesure du danger, parce qu'il ne semble pas décidé à se mettre nuit et jour en ordre de combat, comme l'était jadis Georges Clemenceau. Parce que les républicains, les démocrates se défendent eux aussi en ordre dispersé, chacun dans son coin comme des francs-tireurs, contre un adversaire efficace, parfaitement organisé, appuyé par des supplétifs gauchistes qui partagent avec lui la même détestation des principes de la République. J'ai écrit ce livre en pensant au Grand Carnot, car il est plus que temps de nous organiser nous aussi.

Pour conclure, je voudrais dire que j'ai aussi écrit ce livre pour soutenir le combat de ces femmes et de ces hommes de culture musulmane qui ont choisi avec courage de faire barrage au totalitarisme islamiste. Ce sont nos plus précieux atouts, ce sont nos plus précieux alliés, ce sont eux qui portent nos plus grands espoirs. Ceux qui s'efforcent d'adapter leurs textes sacrés aux valeurs communes du XXIe siècle et aux principes de la République, comme ceux qui ont la force de réclamer le droit de ne pas croire, conformément à l'article premier de la constitution. Et c'est tout d'abord à ces combattantes courageuses que je pense en écrivant ces pages, parce que les femmes figurent toujours parmi les premières victimes de cette abomination. Ces femmes, aurait dit André Malraux, sont aujourd'hui le visage de la France. Je voudrais rendre hommage à Razika Adnani, à Malika Sorel-Sutter, à

Leïla Babès, à Olfa Lamloum, à Jeannette Bougrab, à Zineb El Rhazoui, à Souâd Ayada, à Sonia Mabrouk, à Nadia Memadna, à Aïcha Belabid, à Djemila Benhabib, à Fatiha Boudjahlat, à Lydia Guirous, à Leïla Slimani, à Chahla Chafiq-Beski, à Irshad Manji, à Taslima Nasreen et à tant d'autres. N'oubliez jamais que notre république est une femme, Delacroix l'a peinte, allez la voir au Louvre, et ne laissez personne la voiler.

Chapitre 1

LA COMMUNAUTÉ PAISIBLE DES « MUSULMANS RÉPUBLICAINS »

J'ai toujours pensé que nos concitoyens d'origine musulmane avaient toute leur place dans la République. Et je continue de le croire, en dépit de la dérive intégriste d'une minorité d'entre eux. J'ai vu dans mon enfance ces immigrés débarquer du Maghreb et d'Afrique de l'Ouest. C'était pour la plupart des gens issus de la campagne profonde. En une génération, ils s'étaient adaptés à la société française. Leurs fils étaient mes copains de classe, avec qui je disputais des parties de football, dans des tournois homériques entre quartiers, où nous avions l'impression de jouer « notre coupe du monde ». Leurs filles étaient de jolies brunettes, de ravissantes petites blacks, en jeans et les cheveux au vent, avec qui nous dansions dans les boums. Tout juste voyait-on parfois des tatouages floraux, tracés au henné, sur les paumes de leurs mains. Alors, riant aux éclats, elles expliquaient aux hébétés qu'il s'agissait d'une coutume très répandue lors de la célébration des mariages. Mais aucune ne portait le voile. Quant aux pratiques religieuses, les familles les voulaient discrètes et réservées à la sphère privée. C'était cela, la culture franco-maghrébine et franco-africaine des années 1970 : un basculement joyeux dans la civilisation occidentale, à peine freiné par une pratique religieuse que ces musulmans de naissance avaient su adapter, intuitivement, à leur pays d'accueil.

Vingt ans plus tard, me voilà devenu « le maire ». Je n'ai évidemment pas perdu de vue les copains et les copines de mes quinze ans. Aujourd'hui que je ne suis plus que député, il m'arrive encore de croiser ceux qui ont choisi de vivre à Sarcelles. Ils me disent : « François, ne nous laisse pas tomber, ne nous abandonne pas aux griffes des barbus... » Ils me disent : « Toi qui le connais, dis au Président qu'il doit nous protéger contre ces gens-là... Nous, on a vu ce qu'ils ont fait à nos familles et à nos amis, les mecs du FIS, en Algérie. » Ils se souviennent, mes amis, que le Front islamique du salut (FIS), d'inspiration salafiste, a commencé par faire de l'aide sociale, dans les cités les plus pauvres, pour séduire les classes populaires. Qu'ensuite c'était devenu chose facile de les convertir à leur idéologie, de les enrôler dans leurs bataillons, puis de les jeter dans la guerre civile que leur tentative de prise du pouvoir, en 1991, avait provoquée. Ils se souviennent enfin, mes amis, que cette décennie du terrorisme islamique a peut-être coûté la vie à 150 000 Algériens. « Ils font la même chose ici, ça commence comme ça a commencé là-bas, empêche-les de faire basculer toute la communauté musulmane », me disent mes amis. Mais ils voient bien que nos gouvernements successifs ne bougent pas, tremblent comme des feuilles, ou répètent l'air ravi, comme le ministre de l'Intérieur quand on l'interpelle sur l'islamisme, que « l'islam est une religion de bonheur et d'amour »... Certains de mes administrés de culture ou de confession musulmane me disent : « Vous êtes des faibles, il n'y a qu'"elle" qui peut nous protéger... » Et avant « elle », il y avait « lui » : cela fait dix ans que mes vieux Maghrébins viennent me chuchoter qu'ils votent pour le Front national. Je combats aussi cette dérive. Va-t-on, par notre inaction, laisser la communauté paisible des musulmans républicains balancer entre l'extrême droite et l'islamisme ?

Mais revenons-en aux prémices. À Sarcelles, l'histoire de cette communauté est intimement liée à celle du Grand Ensemble. Un paradoxe ? Pas vraiment : ces gens en costume traditionnel n'avaient pas le choix. C'est dans une ville de béton tracée en quadrilatère qu'ils ont été autorisés à poser leurs valises. Tout commence au sortir de la Seconde Guerre mondiale, quand la France découvre la crise du logement. Les habitations de l'époque n'ont pas de salle de bains, pas de chauffage central, pas de toilettes à l'intérieur, et souvent pas même l'eau courante. Les Parisiens se sont remis, avec la perspective d'un monde meilleur, à refaire des enfants qui s'entassent dans des pièces insalubres. Les banlieusards, bientôt rejoints par leurs compatriotes frappés par l'exode rural, vivent dans des taudis ravagés par les récentes hostilités, quand ce n'est pas, carrément, dans des bidonvilles. L'administration en avait recensé 84 dans la région parisienne, comme à Nanterre, à Noisy-le-Grand, à Champigny-sur-Marne ou Aubervilliers. C'est l'époque où l'abbé Pierre se démène pour que les plus pauvres ne meurent pas de froid au cœur de l'hiver.

Les gouvernements de la Quatrième république tentent bien que mal de faire face. Il leur faut construire d'urgence des centaines de milliers de logements. À Sarcelles, tout commence en juillet 1954. Cette année-là, des agents de police du département de la Seine sollicitent un emprunt auprès de la Caisse des Dépôts et Consignations (CDC). Ils veulent acheter des terrains sur cette commune qui est située à 13 kilomètres de Notre-Dame par la Nationale 1. Le bras immobilier de l'État va aider les fonctionnaires à construire leur logement dans la plaine des Lochères. C'est là, au milieu des champs de blé et des maraîchages, entre des carrés de petits pois et des vergers, que sortira le premier grand ensemble de France et même d'Europe, selon l'architecte Jean-Patrick Fortin. Sarcelles est aussi la première ville nouvelle sans en porter le nom, ajoute le spécialiste de cet urbanisme nouveau. C'est « Sarcelles ou le béton apprivoisé », comme Henry Canacos, le maire communiste de ces années champignon, titre si joliment le livre qu'il publie en 1979 aux Éditions sociales.

Dès lors, la population de Sarcelles va être multipliée par 6 en tout juste vingt ans. Ce sera l'une des premières « villes-champignons ». Avec d'autres élus, nous avons fait réaliser une étude historique en 2015, à l'occasion du cinquantenaire du Grand Ensemble. Ses conclusions sont édifiantes : de 8 397 en 1954, les Sarcellois passent à 35 800 en 1962, puis à 51 674 en 1968 pour grimper à 55 000 en 1975. Entre-temps ont été construits 12 368 logements. Pendant vingt ans, les nouveaux arrivants ont pataugé dans la gadoue. Pendant vingt ans, les pionniers de la « cité-dortoir » enfilaient chaque matin leurs bottes en caoutchouc, avant de rejoindre la gare d'où ils se rendaient sur leur lieu de travail.

Dans les années 1956 à 1962, les premiers habitants à emménager aux Lochères ont été les mal-logés de l'Ile-de-France, dont il était question plus haut. C'est dans cette première vague que mes parents et mon frère aîné sont arrivés, un appartement leur ayant été attribué en 1962, alors que ma mère m'attendait. Voilà pourquoi Jean-Marc et moi faisons un peu figure de précurseurs… Les Parisiens et les banlieusards y ont été rejoints par des gens de province, et même d'outre-mer, attirés par le dynamisme économique de la région. Avec la fin de la guerre d'Algérie, les rapatriés sont venus grossir les rangs. C'est en leur sein que la communauté juive de Sarcelles a trouvé son origine. Mais la main-d'œuvre manquait toujours, dans cette France des Trente Glorieuses. L'industrie qui avait ratissé nos campagnes à la recherche d'ouvriers souvent sans formation professionnelle a envoyé ses sergents recruteurs de l'autre côté de la Méditerranée. Ils ont sillonné le Rif marocain, la casbah d'Alger et les faubourgs de Tunis, la médina de Dakar et le pays de Kayes, au Mali, à la recherche de jeunes hommes vigoureux, mais souvent illettrés, qu'ils ont réquisitionnés pour les usines de la région parisienne.

Cette immigration économique a bien sûr jeté les bases de l'importante communauté musulmane qui s'est installée, depuis la fin des années 1960, dans nos centres urbains industrialisés. Mais c'est surtout la politique de regroupement familial mise en place à partir de 1974 qui a stimulé l'arrivée de ces musulmans d'origine. Sarcelles n'a bien sûr pas fait exception à la règle. Dès lors, les Maghrébins vont commencer à s'intégrer aux populations déjà en place, à Sarcelles comme ailleurs. Les Africains, aussi, parce que leur tour était venu de changer en masse de continent. Et ce n'était pas tout : des familles ont aussi débarqué de la Péninsule arabo-persique et du sous-continent indien pour venir grossir les rangs des précédents.

Ce sont ces populations d'horizons très divers qui ont été les premières à emménager dans nos « barres ». Un véritable échantillon de la planète a donc choisi de vivre à Sarcelles et dans l'un ou l'autre de ces Grands Ensembles tellement décriés par une intelligentsia proche de l'extrême gauche. Ces « cités », ces « quartiers » déshumanisés et déprimants, supposés responsables de la délinquance, de la violence, des trafics et du chômage, ont été avant tout synonymes, pour leurs nouveaux habitants, d'une formidable amélioration du niveau de vie. Les Français qui arrivaient aux Lochères après avoir vécu dans des fermes au sol en terre battue ont eu l'impression, le temps d'un déménagement, de passer du XVIIIe au XXe siècle. Quant aux familles qui débarquaient du Mali, il n'est pas sûr qu'elles aient jamais vu une salle de bains. Aucune population, dans toute l'histoire de l'humanité, n'a connu, en aussi peu de temps, un progrès aussi radical de son mode de vie. J'invite les donneurs de leçons à sortir quelques heures de leurs quartiers cossus pour venir poser la question à « mes Sarcellois ». On peut aussi se demander où les contempteurs de nos villes de banlieue, qui n'ont pas eu l'occasion, comme moi, de vivre dans les logements collectifs de ces grands ensembles, ont pu passer leur enfance et leur adolescence pour en arriver à porter de pareils jugements ?

Voilà comment Sarcelles a été l'une des premières villes de France à expérimenter la mixité ethnique et sociale. De 1955 à 1975, ma commune et une poignée d'autres l'ont même inventée de toutes pièces. La mixité ethnique a perduré jusqu'à nos jours. Ce que Sarcelles n'a pas réussi, en revanche, à pérenniser, c'est la mixité sociale. Parce que, dans l'esprit des urbanistes, les Lochères devaient également devenir un lieu de mélange de classes et de conditions socioprofessionnelles. Au début des années 1970, du moins, les ouvriers y côtoyaient les agents de maîtrise et même les cadres supérieurs. Nombre des officiers qui servaient au Commandement des Forces Aériennes Stratégiques, implanté sur la base aérienne de Taverny, vivaient à Sarcelles. Beaucoup d'avocats avaient également leur cabinet et leur domicile dans la commune. Il en reste d'ailleurs une vingtaine. C'est alors qu'un événement majeur allait changer la donne. La politique de peuplement du Grand Ensemble, initiée par l'État via la Caisse des Dépôts et Consignations (CDC), son bras armé économique et financier en matière de logement social, a bouleversé les équilibres sociologiques de la ville.

Pour être tout à fait honnête, une partie de la *middle class* avait déserté Sarcelles dès la fin des années 1960. Leur situation personnelle s'étant améliorée au cours des Trente Glorieuses, certains avaient fait construire un pavillon, d'autant que le gouvernement encourageait alors la maison individuelle. D'autres, se sentant déclassés à mesure qu'arrivaient des populations plus pauvres, étaient allés vivre dans des banlieues plus cossues. En paupérisant davantage les plus fragiles, la crise économique et industrielle déclenchée par le choc pétrolier de 1973, et dont la France ne s'est d'ailleurs jamais vraiment remise, a encore accéléré cette migration.

La Caisse des Dépôts, qui était depuis 1955 le principal bailleur du Grand Ensemble des Lochères, allait aussi accélérer le départ des cadres supérieurs, puis des cadres moyens. Garante de la mixité sociale, elle réservait certains immeubles, d'un standing un peu plus élevé, à ces habitants plus aisés. Les loyers de ces ILN (Immeubles à loyer normal) étaient évidemment supérieurs à ceux des HLM (Habitations à loyer modéré). Mais à partir de 1978, la CDC a fait appel à la « Palulos », un dispositif qui venait d'être créé, pour rénover les logements du Grand Ensemble. Cette

« Prime à l'amélioration des logements à usage locatif et à occupation sociale » était une subvention de l'État destinée à l'amélioration des logements sociaux, dont pouvaient bénéficier les organismes de HLM, les Sociétés d'économie mixte et les organismes agréés contribuant au logement des personnes défavorisées.

Le recours à la Palulos avait une contrepartie : les appartements ainsi réhabilités devaient obligatoirement être conventionnés à l'Aide publique au logement (APL) puisque cette prime devait aider à loger les plus démunis. Et comme les APL, qui avaient été créées un an avant la Palulos, pouvaient représenter jusqu'à 90 % du loyer, la Caisse des Dépôts n'a pas eu de scrupule à augmenter ces loyers qui étaient payés par les contribuables. En revanche, pour les locataires qui n'avaient pas droit aux APL, cette rénovation des appartements s'est traduite, brutalement, par un doublement de leur loyer. Voilà comment la Palulos et les APL associées à une forte hausse des loyers a conduit à installer les plus pauvres dans les logements construits pour la *middle class*.

Et ce n'est pas fini parce que la CDC a aussi regroupé ses locataires en raison de critères ethniques. Sans doute désireuse d'éviter les conflits de voisinage, elle réservait tel immeuble à des gens originaires du Mali, tel autre à des Algériens et un troisième à des Martiniquais… Jeune homme, j'ai vu comment cela s'est passé dans les années 1980. Une famille à qui l'on faisait visiter un appartement situé dans un immeuble habité par une population homogène, mais d'une origine différente de la sienne refusait de venir s'y installer. Alors les attributions sur une base ethnique se sont faites dans le non-dit, par facilité. Se disait-on : « Ce sont des Marocains où il y a un appartement vacant ? Alors, on n'a qu'à y mettre d'autres Marocains… » ? Le plus fort, c'est que l'on m'a reproché, lorsque j'en étais le maire, d'avoir communautarisé ma ville. Mais ce sont les services de l'État qui ont communautarisé Sarcelles. C'est ainsi que la Caisse des Dépôts a progressivement paupérisé, et « ghettoïsé » son parc immobilier, faisant fuir les derniers locataires de la *middle class* et torpillant la mixité sociale. Et c'est ainsi que Sarcelles, dans son ensemble, s'est progressivement paupérisée et « ghettoïsée ».

De future vitrine, dans les années 1950, d'une modernité française associée à la mixité sociale, Sarcelles est devenue un modèle de mélange culturel et de pauvreté. Le comparateur des territoires Compas l'a classée en quinzième position des villes les plus pauvres de France dans sa dernière livraison (données de 2014). C'est malheureux à dire, mais l'implantation de la communauté musulmane a coïncidé avec la paupérisation de cette sous-préfecture du Val d'Oise. D'abord, bien sûr, parce que la première génération d'immigrés du Maghreb était faite d'ouvriers sans qualification dont les salaires étaient au plancher. Ensuite, parce que la deuxième génération a été frappée de plein fouet par ce chômage de masse qui est l'une des conséquences les plus désastreuses de la crise industrielle des années 1970.

Un autre phénomène sociologique s'est ajouté à ce qui précède faisant que cette communauté, à l'origine éphémère, s'est rapidement pérennisée. Avant le regroupement familial, tout le monde était d'accord, les migrants comme les accueillants : l'installation des Maghrébins serait limitée dans le temps. Les premiers travailleurs évoquaient avec espoir leur retour au pays, où ils rêvaient d'une retraite au soleil. La plupart se faisaient d'ailleurs construire une maison « au bled ». En réalité, c'est l'inverse qui s'est passé : ils ont profité de la politique du rapprochement familial pour faire venir leur famille, leur offrir un certain confort, les faire bénéficier de l'État providence, de la qualité de son système de santé, de la gratuité de l'instruction publique. En bref, ils ont saisi la chance qui leur était offerte de sortir de la misère. Dès lors, il n'était plus question de retour.

La guerre civile qui a déchiré l'Algérie après 1991 a encore amplifié ce processus. La « décennie noire » qui a opposé l'armée au terrorisme islamique a provoqué, selon les historiens, la mort de 60 000 à 150 000 personnes, poussant vers l'exil des dizaines de milliers d'autres. À l'époque, il n'était pas question, pour les vieux travailleurs arrivés à Sarcelles vingt-cinq ans plus tôt, d'aller risquer leur vie dans cet enfer. L'installation en France était, dans leur esprit, devenue définitive. S'ils se pensaient encore algériens, ils étaient de plus en plus nombreux à demander la naturalisation, d'autant que leurs enfants étaient nés français.

À Sarcelles, les immigrés venus de l'autre rive de la Méditerranée ne pouvaient dès lors plus quitter leur habitation à loyer modéré. Où seraient-ils allés ? Très peu avaient les moyens de déménager dans le parc de logements privés, d'autant qu'ils envoyaient souvent une partie de leurs revenus à ceux de leurs proches qui étaient restés au pays. Le turn-over dans les HLM est donc tombé à un niveau très bas. Lorsque les plus vieux sont décédés, leur bail a été tout à fait légalement transmis à leurs enfants, comme un héritage. C'est ainsi que la communauté musulmane a définitivement pris racine à Sarcelles.

Dès lors, la question des lieux de culte et des rites liés à l'islam s'est posée avec plus d'acuité, d'autant que le vieillissement de la population conduisait la commune à faire face à des obsèques et des inhumations sur place de plus en plus nombreuses. En tant que maire ou que parlementaire, je me devais d'aider tous mes administrés à surmonter les difficultés du quotidien et à faire aboutir leurs projets, qu'il s'agisse de questions scolaires, de problèmes relatifs à la sécurité publique ou aux transports en commun, et bien entendu des sujets d'ordre religieux, tels que la construction des mosquées ou l'aménagement de carrés confessionnels dans les cimetières. Ces sujets tous plus ardus les uns que les autres ne pouvaient être résolus sans l'appui de la municipalité que j'ai eu l'honneur de diriger pendant vingt ans (de 1997 à 2017), en prenant la suite de Dominique Strauss-Kahn. Je m'y suis donc appliqué chaque jour pendant toutes ces années. Et c'est d'ailleurs ce que les Sarcellois, mais aussi les représentants de l'État, ont bien voulu saluer à de nombreuses occasions.

Nous avons donc fait beaucoup — et c'est bien normal — pour cette communauté d'origine musulmane. Et pour cela, nous avons été obligés d'appliquer avec un maximum de souplesse la loi de 1905 sur la séparation des Églises et de l'État, sans pour cela faire preuve de complaisance à l'égard des revendications qui sentaient fort l'intégrisme, telles que le refus de la mixité homme-femme dans l'espace public. Cette « souplesse » était à nos yeux vitale : se corseter dans une attitude trop rigide aurait risqué de pousser les musulmans paisibles dans les bras des promoteurs d'un islam radical. La question majeure concernait évidemment l'interdiction faite par la loi d'accorder des subventions communales aux activités cultuelles. Comment faire comprendre cela aux musulmans venus de pays où l'islam est une religion d'État ? Et comment vouliez-vous, aussi, faire comprendre à une association musulmane que la commune assure l'entretien d'une église construite avant 1905 — l'État s'étant approprié les lieux de culte qui existaient lorsque la loi de séparation a été votée —, mais qu'elle doit refuser son concours à l'édification d'une mosquée ?

Face à ce dilemme, nombre de villes ont choisi de contourner la législation. Comment font-elles ? Elles accordent des subventions à des associations culturelles, de manière parfaitement légale. Sauf que tout le monde sait que ces associations servent de paravent à des activités tout ce qu'il y a de plus religieuses. Du coup, ces communes se retrouvent dans l'illégalité. La ville de Paris a ainsi financé la construction d'un *Institut des cultures d'islam*, organisme municipal qui comprend des espaces d'exposition et, surtout, une vaste salle de prière. À Sarcelles, nous avons nous aussi commis plusieurs entorses à la loi de 1905 pour aider les musulmans à disposer d'un nombre et d'une capacité des lieux de prière en adéquation avec les besoins de leur population.

Ainsi le conseil municipal a-t-il par exemple accordé dans le courant des années 2000 des subventions aux associations culturelles liées aux musulmans. Je l'assume. Nous avons notamment versé, trois années de suite, 50 000 euros à ces associations, soit 150 000 euros en tout. Sous le prétexte de la culture, dont la pratique d'un culte est indéniablement l'un des aspects, nous avons financé des pratiques religieuses. Si nous avons fait ce choix, c'était pour éviter de voir des types venir, avec barbe et gandoura, haranguer les musulmans locaux pour les entraîner dans des aventures clandestines et obscures. Autrement dit, c'était la République au prix de quelques contorsions avec la loi plutôt que l'islam des ténèbres. Voilà comment la communauté musulmane de Sarcelles peut aujourd'hui compter quatre mosquées, soit deux de plus qu'en 1995, lorsque j'ai pris mes fonctions de premier adjoint auprès de Dominique Strauss-Kahn. La plus importante, « Foi et Unicité », qui se trouve dans le Grand Ensemble, peut désormais accueillir plus de deux mille personnes lors de la grande prière du vendredi. Eh bien malgré cela, des fidèles sont encore obligés, parfois, de prier sur le parvis. J'ai donc décidé de leur accorder le terrain municipal contigu à leur mosquée pour leur permettre de s'agrandir.

Autre mosquée historique du Grand Ensemble, celle de l'Association des musulmans d'inspiration sunnite, connue sous l'acronyme d'AMIS, est elle aussi trop à l'étroit. J'ai donc tenu à ce que ma municipalité mette gracieusement des locaux lui appartenant à leur disposition. Deux autres quartiers, plus excentrés, de Sarcelles – les Chardonnerettes et les Rosiers – ont vu leur population d'origine musulmane s'accroître ces dernières décennies. Là encore, la ville a mis, grâce à des baux emphytéotiques, deux locaux communaux à la disposition de ces fidèles de culture maghrébine.

Le financement des mosquées n'est que l'un des nombreux sujets liés à l'islam. Un autre concerne la scolarité, car les communes, qui ont la charge des écoles primaires, doivent gérer l'organisation des sorties scolaires. Et, bien entendu, faute de disposer d'effectifs suffisants, elles demandent le concours des parents pour aider les enseignants à encadrer les balades.

À Sarcelles comme dans de nombreuses communes, sans les mères voilées, il n'y aurait tout simplement pas de sorties. Les accompagnantes ne sont d'ailleurs pas du tout tenues d'être « dévoilées ». Le Conseil d'État a jugé que n'étant pas fonctionnaires ou salariées du public, ces femmes n'étaient pas soumises à la loi du 15 mars 2004 sur l'école et la laïcité. Il n'y avait donc aucune raison que mes adjoints et moi nous opposions à leur présence, quoique cela ne soit pas conforme à une stricte observance de la loi de 1905. J'aurais sans doute préféré que ces femmes renoncent à leur foulard islamique, mais je sais aussi que la plupart d'entre elles se voilent plus par tradition que par intégrisme, car elles pratiquent un islam modéré. Représentent-elles un danger pour la société ? Risquent-elles d'endoctriner les enfants ? Je suis certain que non.

Autre sujet, l'état civil. Prenons le cas des obsèques : dans l'islam, comme dans le judaïsme, une personne décédée doit être inhumée dans les 24 heures. Week-end ou pas week-end. Depuis 1995, Sarcelles s'est organisée pour respecter ces pratiques. C'est ainsi que nous sommes devenus l'une des très rares municipalités de France à permettre d'enterrer un défunt le dimanche. Avec des employés municipaux assignés à cette mission. Toujours dans le registre des rites funéraires, la commune a dû gérer la dimension religieuse des cimetières, ce qui n'est pas non plus conforme à une stricte observation de la loi de 1905. Les prêtres, les rabbins et les imams sont venus nous faire part de leurs exigences lors de la création du nouveau cimetière, en 2005. Ces carrés confessionnels, nous les avons bien sûr acceptés, bien qu'ils soient dictés par des considérations religieuses. Et personne ne s'est plaint que les musulmans puissent enterrer leurs proches en orientant leur sépulture vers La Mecque.

L'abattage rituel a longtemps été une autre source d'inquiétude, notamment pour des raisons sanitaires. Avant l'élection de Dominique Strauss-Kahn, le déroulement de ce cérémonial donnait lieu à une pagaille monstre dans laquelle la mairie n'avait jamais essayé de mettre un peu d'ordre. La difficulté était encore accrue par le fait qu'il s'agissait, pour la communauté musulmane, d'une source importante de financement des mosquées. Il fallait donc impérativement aider les musulmans à organiser cette pratique rituelle au moment des grandes fêtes, comme l'Aïd-el-Kebir. Voilà pourquoi nous avons pris l'initiative de mettre des locaux et des terrains à la disposition des familles intéressées et de créer un « abattoir volant » contrôlé par les services sanitaires de la préfecture de manière à veiller au respect le plus strict des normes d'abattage et d'hygiène.

Ce que nous avons fait pour les musulmans, nous l'avons également fait pour les adeptes des autres religions. Il faut savoir qu'à Sarcelles, tous les lieux de culte font aujourd'hui salle comble. Il s'agit peut-être d'une spécificité locale, et celle-ci peut sans doute déconcerter les agnostiques dont je fais partie, mais c'est ainsi :

depuis une dizaine d'années, même nos églises catholiques sont pleines, alors que partout ailleurs elles sont désertes. Saint-Pierre-Saint-Paul et l'église de la Sainte-Trinité résonnent de la foi chantante des croyants venus d'Afrique ou des Antilles. Quant aux Assyro-Chaldéens, ces chrétiens d'Orient parlant l'araméen, autrement dit la langue du Christ, ils sont mobilisés autour de leur clergé. Leur nouvelle église, Saint-Thomas-Apôtre, qui a été édifiée rue de Champ-Gallois puis consacrée en 2004 par Mgr Lalanne, l'évêque de Pontoise, ne désemplit pas. Enfin, la communauté juive fréquente assidûment la quinzaine de synagogues que compte la ville et pas seulement pour shabbat. Elle dispose également de carrés confessionnels au cimetière, conformément aux souhaits des rabbins.

Les associations culturelles proches des chrétiens d'Orient et des juifs ont bénéficié – comme celles liées aux musulmans – de cette subvention de 50 000 euros versée trois années de suite par la mairie. C'est d'ailleurs la subvention accordée aux organisations juives qui me vaut de voir dénoncer sans relâche mon prétendu « communautarisme » par les réseaux islamistes, les milieux gauchistes et la presse de gauche. Nous y reviendrons. En revanche, ni les Églises évangéliques d'origine américaine, ni les catholiques « romains » (pour les distinguer des catholiques assyro-chaldéens dont les Églises sont toutefois liées, rien n'est simple) ne nous ont rien demandés. S'agissant des « romains », il est vrai que la commune est propriétaire depuis la Révolution française de l'église Saint-Pierre-et-Saint-Paul dont elle a financé une rénovation pour plusieurs millions d'euros, tout en la laissant à la disposition des catholiques, conformément à la loi de 1905. C'est cette religion qui l'a construite au Moyen Âge.

J'ai toujours fait l'impossible, dans mes fonctions de maire, pour aider ma communauté musulmane, en faisant preuve de souplesse dans l'application de la loi sur la séparation des Églises et de l'État, mais en restant intransigeant sur les principes fondamentaux de la République. Je tenais à ce que mes administrés puissent perpétuer leurs traditions, mais je tenais aussi à ce qu'ils connaissent celles de leurs voisins, sachant que la connaissance de l'autre est un préalable au respect de son identité. Je veux que les Juifs et les musulmans de Sarcelles se respectent mutuellement, ce qui est le cas de la grande majorité d'entre eux. Combien de fois m'est-il arrivé de serrer les mains des joueurs de cartes lorsque les retraités musulmans, pieds-noirs ou juifs tapent le carton à la même table ? Il faut savoir que dans les cafés de Sarcelles, les annonces au rami se font en arabe, en hébreu et en araméen. Ce voisinage sympathique, cette coexistence exceptionnelle entre communautés, cette paix sarcelloise entre Juifs et Arabes sont ma fierté. C'est pourquoi je ne laisserai personne dire que j'ai pu faire preuve de mépris à l'égard d'aucun de mes administrés.

Cette communauté musulmane s'est installée depuis quarante-cinq ans dans les quartiers des Lochères, puis de Chantepie et enfin des Chardonnerettes, cette communauté musulmane a accepté que ma municipalité lui vienne en aide, cette communauté musulmane a vécu en bonne intelligence avec les populations voisines, cette communauté musulmane a aussi changé peu à peu ses pratiques religieuses… Au début c'était imperceptible, mais vingt ans plus tard, c'est devenu incontestable : depuis l'an 2000, les musulmans de Sarcelles ont pris le tournant d'un « retour au religieux », conformément à la prédiction d'André Malraux. Ils l'ont fait comme d'ailleurs l'ont fait tous leurs coreligionnaires dans la France entière.

Cette évolution, nous ne l'avons pas vu venir, ni mes adjoints ni moi. Et pas plus d'ailleurs, les autres maires de l'Hexagone. Pourtant, elle était devenue prévisible, d'abord parce que des populations aux traditions religieuses beaucoup plus ferventes, comme les Pakistanais et les Turcs, étaient venues s'installer chez nous. Ensuite parce que les Maghrébins et les Africains s'étaient mis à fréquenter davantage la mosquée après avoir pris leur retraite. Ce que nous n'avions pas anticipé, c'est que les vieux travailleurs ne retournaient plus jamais dans leur pays d'origine. Ils resteraient sur place, chez nous, chez eux. Faute d'avoir correctement pris la mesure du phénomène, la ville de Sarcelles, les autres communes, les conseils généraux et toutes les autres collectivités n'étaient pas prêts à les accompagner. Qu'aurions-nous pu faire ? Favoriser l'émergence d'associations d'anciens pour les occuper, leur offrir de petites responsabilités dans le cadre des activités de la mairie, comme la surveillance de la sortie des écoles ou l'encadrement des activités sportives, créer pour eux de nouveaux équipements de loisirs... Nous avons un peu tâtonné dans toutes ces directions, mais le fait est que nous nous sommes réveillés un peu tard.

Rien n'ayant été planifié pour les occuper, ces immigrés retraités se sont souvenus qu'ils étaient musulmans. Alors faute de mieux, ils se sont tournés vers les mosquées, qui étaient aussi des lieux de socialisation. Dans les années précédentes, ils avaient très peu pratiqué. Lorsqu'en 1995, il nous arrivait, avec Dominique Strauss-Kahn, d'aller saluer les fidèles à la sortie de la mosquée, nous ne rencontrions pas grand monde. Il n'y avait pas foule non plus dans les salles municipales que nous mettions à leur disposition lors des grandes fêtes musulmanes.

Les esprits étaient-ils encore tournés vers le nationalisme arabe, qui était laïc et socialiste ? C'est ce que pense Gilles Kepel, le grand spécialiste de l'islam et du monde arabe contemporain. Qui ne se souvient d'avoir vu, sur YouTube, le président égyptien Gamal Abdel Nasser se moquer du leader des Frères musulmans venu lui demander d'obliger les Égyptiennes à porter le hijab ? « Monsieur, votre propre fille, qui est étudiante en médecine, se promène en jupe et les cheveux aux vents. Si vous n'arrivez pas à faire porter le voile à une seule fille qui est la vôtre, comment voulez-vous que je le fasse porter à 10 millions de femmes égyptiennes ? » s'amusait le Raïs devant une foule hilare. Dans la culture arabe, l'islam n'était plus à la mode.

Et puis l'islam, comme les autres religions, est revenu dans l'air du temps. Du coup, les vieux Sarcellois qui étaient de retour à la mosquée ont entendu l'imam leur dire : « Je t'ai vu boire de la bière en passant devant le café, ce n'est pas bien ». Alors les vieux ont arrêté de boire de la bière. Et puis l'imam leur a dit : « Tu fumes ? Tu ne sais pas que c'est interdit ? » Alors les vieux ont arrêté de fumer. Une autre fois, l'imam leur a dit : « Ta femme n'est pas voilée, tu pourrais quand même lui dire de porter le voile… » Alors les vieux ont demandé à leurs femmes de se voiler. Voilà comment ça s'est fait. Tout simplement. À vrai dire, le plus simplement du monde. N'allons pas croire que les imams sont des prédicateurs de haine, tous convertis au djihad. Ce sont seulement des prêtres, des hommes de religion qui, comme tous les hommes de religion, ont une vision traditionnelle et conservatrice des mœurs et de la vie en société. En d'autres temps, les curés et les rabbins ne se sont pas comportés autrement avec leurs propres ouailles.

Les anciens retournant à la mosquée, leurs femmes déambulant avec un fichu sur la tête, ce fut le tour des quartiers de se mettre à l'heure hallal. L'environnement des immeubles habités par une majorité de musulmans s'est lentement transformé. On l'a vu en plein cœur des Lochères, dans ces quelques rues qui bordent le marché couvert et voisinent avec la mosquée Foi et

Unicité. La discothèque qui côtoyait le lieu de prière a fermé. Les boucheries-charcuteries et les autres « magasins français » ont eux aussi disparu, remplacés par des commerces hallal, au grand dam de ma propre mère qui ne sait plus où s'approvisionner. C'est sans doute ennuyeux pour les séniors dont cela bouleverse les habitudes, mais c'est inéluctable : pour que les commerçants gagnent leur vie, il faut bien qu'ils satisfassent la clientèle qui les environne. Personne, d'ailleurs, ne viendrait se scandaliser que les restaurants des quartiers chinois de Paris servent exclusivement de la cuisine asiatique.

Les bouchers hallal et les épiciers arabes du boulevard Maurice Ravel et de l'avenue Auguste Perret sont d'ailleurs aussi affables qu'avant eux, les « commerçants français ». Le pharmacien, un trentenaire élégant dont les origines prennent leurs racines sur l'autre rive de la Méditerranée, est aussi prévenant que compétent. Le pain de son voisin le boulanger craque sous la dent. Et puis tous les mardis, tous les vendredis et tous les dimanches, le Marché du Grand Ensemble, qui vend des produits alimentaires sous la halle, lève ses rideaux. À l'extérieur, l'avenue Frédéric Joliot-Curie accueille des forains sur les 600 mètres de trottoirs qui conduisent de la gare du RER à l'esplanade des Flanades, où se situent les bureaux de la mairie. Ces marchands ambulants vendent aussi bien des perruques afros, que des tissus, du linge de maison, des robes de mariage ou des batteries de cuisine. Le tout à des prix calés au plus juste sur le pouvoir d'achat très faible de la population. La clientèle débarque de tout le Val-d'Oise. Et chaque vendredi, une fois ses courses terminées, elle a la possibilité d'assister à la grande prière dirigée par l'imam de la mosquée Foi et Unicité.

Parce que les fidèles, désormais, pratiquent au grand jour. Avec les années, ils ont davantage pris l'habitude de se retrouver dans leurs lieux de culte. Et les grandes fêtes du calendrier religieux sont devenues autant de marqueurs dans leur vie personnelle ou sociale. Sans doute est-ce là une autre conséquence du retour à la religion évoqué plus haut. Le résultat, c'est que leurs temples sont maintenant trop exigus. Foi et Unicité est un bâtiment cubique à deux étages, flanqué d'un minaret, que les membres de l'association éponyme ont construit en 1986. L'allée Bernard Palissy qui permet d'y accéder était, il y a encore quelques années, un endroit mal entretenu souvent jonché de détritus. J'ai estimé l'endroit indigne des personnes qui devaient l'emprunter. Nous avons donc dépensé 500 000 euros pour améliorer cet accès : un parking digne de ce nom a été aménagé, des pelouses ont été semées, une fontaine a été installée et le parvis devant la mosquée a été pavé. Bien sûr, les autres communautés ont bénéficié d'investissements équivalents.

Les jours de grande affluence, c'est là, à l'extérieur du bâtiment, que les croyants se rassemblent pour prier. Une situation souvent inconfortable qui m'a conduit, en tant que maire, à financer des chapiteaux pour abriter les croyants. Voilà pourquoi aussi l'association cultuelle a entrepris des travaux d'agrandissement qui devraient permettre à la mosquée d'accueillir 2 000 personnes. Mais un projet bien plus ambitieux a pris corps en 2016. Un *Centre culturel musulman de Sarcelles* incluant une « grande mosquée » devrait être construit avenue du Maréchal Pierre Kœnig, à moins d'un kilomètre de l'actuelle Foi et Unicité. La commune soutient bien évidemment le projet. Mais j'ai tenu à ce que l'ensemble de mes administrés se revendiquant de cette religion se l'approprient, même si les islamistes se sont mis en tête de le confisquer. C'est donc à une « Fédération des musulmans de Sarcelles » regroupant des personnes adhérentes des différentes associations cultuelles de la ville que la mairie a cédé, pour un euro symbolique, le terrain qui accueillera l'édifice. C'est à cette fédération, maître d'ouvrage du projet, que la municipalité a aussi apporté une subvention de 150 000 euros pour participer au financement de sa tranche culturelle, en l'occurrence des salles de cours d'arabe et une bibliothèque. Un cabinet d'architecte a déjà dessiné des esquisses. Reste à lever les 3 à 4 millions d'euros qui seront nécessaires à la construction.

Une chose est sûre : la Fédération n'ira pas frapper à la porte de l'ambassade d'Arabie Saoudite ou à celle du Qatar. Elle tient farouchement à son indépendance, dans le même esprit que l'association Foi et Unicité. La « Grande Mosquée de Sarcelles » ne fera allégeance ni au wahhabisme ni au salafisme. C'est un islam occidentalisé, civilisé, pacifique qui inspire la communauté musulmane de Sarcelles, et je me battrai pour qu'il en soit toujours ainsi. En avril 2019, un concert a réuni une formation musicale musulmane, une chorale juive et une chorale catholique à la salle André Malraux. Ensemble, les musiciens et les choristes ont interprété des cantiques en arabe, en hébreu et en latin, ainsi que des chansons profanes. Ce concert, à l'initiative du proviseur et du personnel du lycée Jean-Jacques Rousseau était bien sûr un symbole fort. En ces temps troublés, seul cet « islam de Sarcelles » pourra éviter à la France de basculer dans une confrontation avec une minorité de ses concitoyens. L'affirmation courageuse d'un islam républicain constitue, j'en suis sûr, le barrage le plus efficace contre les radicalisations.

Enfin, il y a des Français, ou des ressortissants étrangers vivant en France, qui sont nés musulmans, mais ne se revendiquant pas comme tels. Ce sont ceux qui ne se définissent pas par référence à une religion. Ceux qui vous disent que leur croyance ne regarde qu'eux, qu'elle relève de leur vie privée. Combien sont-ils dans ce cas ? La République n'autorisant pas l'INSEE à réaliser des recensements sur une base ethnique ou religieuse, qu'elle juge contraires à l'esprit de la constitution, les démographes en sont réduits à faire des estimations qui sont très complexes, avec le risque d'aboutir à des résultats parfois très éloignés les uns des autres. C'est ainsi que François Héran, qui est directeur de recherche à l'Institut national des études démographiques (INED), estimait en 2017 à 8,4 millions le nombre des personnes d'origine musulmane vivant dans l'Hexagone, tandis que l'Observatoire de la Laïcité avançait en 2019 le chiffre de 4,1 millions de « musulmans » sans que l'on sache très bien ce que ce terme désignait. Le tout dernier chiffrage de l'essayiste Jean-Paul Gourévitch, également réalisé en 2019, estimait les membres de la « oumma » — la communauté des gens d'origine musulmane, pratiquants, croyants ou pas — entre 7,5 et 9 millions de personnes, soit un effectif est très proche de celui de l'INED. À ceux-ci, il faut selon le même expert ajouter un nombre de 400 à 700 000 irréguliers, clandestins ou sans-papiers, déjà présents sur le territoire. Pour simplifier, je me référerai dans ce livre à un nombre probable de 8,5 millions de personnes de culture musulmane vivant en France. Dans la même étude (« Le grand remplacement, réalité ou intox ? » éditions Pierre-Guillaume de Roux) Jean-Paul Gourévitch estimait à 4 millions, le nombre des musulmans pratiquants. Si l'on met à part les enfants, qui peuvent représenter 30 % du total soit 2,5 millions de jeunes, il reste environ 2 millions de personnes de culture musulmane qui ne sont pas pratiquantes, agnostiques ou « tièdes ».

Les observations que j'ai pu faire à Sarcelles sont en cohérence avec ces estimations. Certes, ma commune a enregistré, au cours des quinze dernières années, une vague assez importante de primo-arrivants, notamment en provenance de Turquie et du Pakistan, qui distordent localement les pourcentages évoqués plus haut. Mais je suis à peu près certain qu'à l'intérieur de ma communauté musulmane originaire du Maghreb et d'Afrique noire, on retrouve un quart de « non-pratiquants ». Je connais personnellement nombre d'entre eux. Jamais, ces « non religieux » ne vous avoueront qu'ils ne sont pas croyants, et encore moins qu'ils sont « athées ». Bien sûr les femmes ont adopté toutes les apparences vestimentaires de l'Occident. Bien entendu, elles ne sont pas voilées. Bien sûr, les hommes boivent volontiers un verre de vin à table. Et pour eux, la question ne se pose même pas de savoir si la charia doit se substituer au Code pénal, ou si une femme doit être considérée comme l'égale d'un homme. En d'autres termes ces personnes issues de l'immigration ont réussi leur « assimilation ». Mais ils ne le diront pas non plus comme cela. En ces temps troubles de montée de l'islamisme s'avouer que l'on est, finalement, un Français comme les autres peut conduire à se demander si l'on n'a pas rejeté ses origines. Mais surtout, c'est le regard des autres qu'ils redoutent le plus. Le regard que portera sur eux tel barbu à gandoura de l'immeuble voisin, le jugement négatif qu'il fera ensuite circuler dans les rues du Grand Ensemble. Ils savent, ces compatriotes, que les intégristes considèrent l'assimilation comme une trahison. Et ils savent aussi, ces compatriotes, que les islamistes sont prêts à leur rendre la vie impossible.

Chapitre 2

L'IRRUPTION D'UN « ISLAM POLITIQUE » DANS LES BANLIEUES

Je n'aurais jamais cru qu'une poignée d'individus suffirait pour déstabiliser une ville en si peu de temps. Lorsqu'en 2014, j'ai été reconduit à la tête de ma municipalité, les islamistes n'étaient pas encore implantés dans Sarcelles. J'avais bien entendu dire qu'une « bande de barbus » venue de Seine-Saint-Denis avait débarqué à Goussainville puis à Garges-lès-Gonesse. Mais ils s'étaient faits discrets dans ma commune jusqu'à cette funeste bataille des mosquées.

Un jour de l'automne 2015, j'apprends que des jeunes de Goussainville ont ouvert une mosquée dans le quartier de Chantepie. Ces jeunes principalement issus de la communauté turque ont loué un local commercial dans la rue Honoré d'Estienne d'Orves, à côté d'une boulangerie et d'un kebab, dont ils ont fait une salle de prière d'obédience radicale. L'auto-désigné « Centre Dar At-Tawhid » ne cache pas son appartenance au mouvement salafiste, tout en rejetant son courant « révolutionnaire », adepte du djihad. Les services du ministère de l'Intérieur me mettent néanmoins en garde contre des individus radicalisés dont ils soulignent la dangerosité. Aucune autorisation n'ayant été accordée, ni même demandée, pour l'ouverture de cette mosquée, je demande à la préfecture de prendre ses responsabilités et de fermer ce lieu de culte, mais les fonctionnaires font la sourde oreille.

Les semaines passent, et des tensions se font jour. Les fidèles de l'autre mosquée du quartier Chantepie, qui est tout ce qu'il y a de plus officielle, viennent se plaindre auprès de moi du comportement des jeunes radicalisés. « Faites quelque chose, Monsieur le Maire, parce que des barbus tiennent devant chez nous des discours extrémistes à nos enfants pour les détourner vers l'intégrisme », se plaignent ces musulmans bien intégrés dans la République.

Entre-temps, mes services m'ont également informé que la mosquée sauvage n'avait pas déposé de déclaration préalable de travaux et qu'elle ne respectait pas les normes de sécurité imposées aux espaces destinés à recevoir du public. Nous sommes en avril 2016. Je prends donc un arrêté municipal de fermeture du Centre Dar At-Tawhid. Ses occupants ravagent les locaux avant de s'en aller. De son côté, la mairie reprend l'ancien commerce en location pour le destiner à une autre activité.

Les supposés salafistes de Goussainville n'en restent évidemment pas là. Ils commencent à infiltrer l'association qui gère la mosquée « Foi et Unicité », dont on a parlé dans le chapitre précédent, la plus ancienne de Sarcelles. Gérée par des Maghrébins, la plupart d'origine marocaine, cette association modérée est infiniment respectable. De surcroît, ses adhérents vivent en bonne intelligence avec les adeptes des autres religions, notamment avec les juifs, les catholiques et les chrétiens d'Orient. Mais les nouveaux venus s'activent pour déjouer la méfiance de ceux qui les accueillent : ils flattent les vieux dirigeants, ils sont assidus à la prière, ils font du soutien scolaire, certains donnent des cours d'arabe aux plus jeunes. Des loups déguisés en agneaux…

Les jeunes franco-turcs sont omniprésents, se rendant indispensables, et réussissant même à pousser un candidat acquis à leur cause lorsque l'association Foi et Unicité décide de recruter un nouvel imam. Au début, tout va bien, les prêches du vendredi ne font pas de vagues. Mais peu à peu certains mots, certains propos se font plus dérangeants, installant le doute dans l'esprit des dirigeants de Foi et Unicité. Hammadi Kaddouri, le président de l'association gestionnaire de la mosquée, me confiera par la suite s'être rendu compte que le nouvel imam les trompait, leur mentait : « Derrière ses propos officiels, derrière les discours de paix qu'il nous tenait, il radicalisait discrètement les jeunes, les plus influençables, pour les entraîner dans la voie de l'intégrisme ». Les « historiques » mettent donc à la porte leur imam qui déguerpit sans demander son reste. De mon côté, je fais un signalement aux autorités, en accord avec Hammadi Kaddouri. Une obligation de quitter le territoire français – une OQTF dans le jargon administratif – est finalement prise par la préfecture à l'encontre de l'imam, qui est un ressortissant marocain, mais les autorités me disent qu'il a disparu dans la nature. Je me suis rendu compte que depuis le début de la poussée islamiste dans la banlieue nord, la préfecture du Val-d'Oise avait résolument fait le choix de l'ambiguïté, nous aurons l'occasion d'y revenir. Mais en 2015, c'est le ministère de l'Intérieur qui s'est opposé à l'OQTF, suite à un recours d'Ahmed Hilali, en prétextant que le dossier de l'imam ne justifiait pas son expulsion. Cet individu réapparaîtra quatre ans plus tard à Gonesse lorsqu'il sera soupçonné d'avoir joué un rôle dans la radicalisation islamique de Mickaël Harpon, le tueur de la préfecture de police. L'épisode de Sarcelles est cependant révélateur : les dirigeants de Foi et Unicité prennent enfin conscience de ce qui est en train de se passer au sein de leur mosquée. Ils comprennent qui sont les nouveaux venus et quelles sont leurs intentions.

Découverts, les salafistes tentent alors un coup de force. Ils débarquent en masse à l'assemblée générale de l'association qui gère la mosquée et parviennent à imposer des barbus en tenue traditionnelle à la tête de Foi et Unicité. Les islamistes installent leur pouvoir et changent les serrures, signe qu'ils se croient en terrain conquis. Mais les « historiques » ne sont pas décidés à se laisser évincer sans réagir. Hammadi Kaddouri improvise un tour de passe-passe administratif qui lui permet de déposer à la préfecture un nouveau procès-verbal d'assemblée générale. C'est ainsi que lui et ses amis reprennent le contrôle de la mosquée, en sommant les intrus de déguerpir. Les islamistes ne s'estiment pas vaincus pour autant. Sitôt repris leurs esprits, ils reviennent à la charge. Tout le monde a compris qu'ils avaient l'intention de s'installer durablement sur le territoire de la commune. Cette fois, la tension monte tellement fort que la querelle tourne à la bagarre générale. Pour finir, les historiques expulsent définitivement les jeunes indésirables de l'association Foi et Unicité.

Les salafistes, qui n'ont pas dit leur dernier mot, jettent alors leur dévolu sur la deuxième plus ancienne mosquée de Sarcelles, celle de l'Association des musulmans d'inspiration sunnite, que l'on désigne sous l'acronyme d'AMIS. Les personnes originaires d'Afrique noire, qui gèrent ce lieu de culte, sont hélas moins vigilantes que leurs voisins de Foi et Unicité. Et c'est ainsi que, très vite débordés, ils abandonnent le contrôle de leur mosquée aux envahisseurs.

Vient l'Aïd-el-Kébir, la fête du sacrifice d'Ibrahim (Abraham dans la Bible), où il est de tradition de sacrifier un mouton. Les Africains, avec qui j'ai toujours entretenu les meilleures relations, ne manquent pas de m'inviter à une rupture du jeûne. Mais à peine suis-je dans les lieux que l'on me demande de patienter dans un bureau. C'est inhabituel. Quelques minutes plus tard, je vois entrer Mamadou Gassama, le président historique de l'AMIS, avec qui j'ai noué des relations d'amitié très fortes. Mais le brave président est suivi par une garde rapprochée composée de personnages inquiétants. D'abord deux individus que j'identifie aussitôt comme issus des jeunes islamistes de Chantepie. Enfin, un certain Mourad Chikaoui, conseiller municipal socialiste qui ne m'avait jamais paru être un musulman particulièrement pratiquant. Par la suite, cet élu a toujours soutenu la position de l'AMIS, qui n'était pas celle de la majorité municipale. Il s'est toujours opposé avec véhémence aux maires, qu'il s'agisse de moi ou de mes successeurs, allant jusqu'à siéger dans son coin — ni dans la majorité ni dans l'opposition — au conseil municipal, pour enfin annoncer qu'il présenterait sa propre liste aux élections municipales de 2020.

Le malaise est immédiatement palpable : il y a un problème. Le président Gassama et sa délégation exigent en effet que la prière qui conclut le ramadan se déroule à un endroit inaccoutumé. D'habitude, elle est prononcée dans un gymnase mis à la disposition de l'association par la municipalité. Mais cette fois, ils veulent qu'elle se déroule sur un terrain cédé par la commune pour construire la future « Grande Mosquée de Sarcelles ». Nous sommes un vendredi : j'explique à mes interlocuteurs que satisfaire une telle demande en vue d'une fête religieuse qui se tiendra le lundi suivant, c'est-à-dire au lendemain du week-end, me paraît extrêmement compliqué, d'autant que le terrain en question est en friche et donc peu praticable. Mais Mamadou Gassama insiste. Quant à ses jeunes soutiens, ils menacent de faire savoir à leurs fidèles que je les prive de leur terrain.

Je comprends très bien ce qui est train de se passer et à quel jeu trouble ces deux-là ont décidé de se livrer. C'est bien la première fois que l'AMIS nous fait des difficultés, car nos relations avaient toujours été idylliques. Voulant briser là en évitant que la situation ne s'envenime, je leur propose de se retrouver le lendemain sur le site pour prendre une décision. Dans la foulée, je m'assure auprès des services de la mairie qu'ils sont capables de nettoyer le terrain avant le lundi suivant. Le samedi, à l'heure prévue, je leur donne mon accord pour que la prière ait lieu sur place. Le président Gassama est évidemment tout sourire. En revanche, les jeunes sont déconcertés. Je les sens déstabilisés par mon accord, convaincus qu'ils étaient que j'allais refuser.

Le lundi 12 septembre 2016, c'est donc jour de fête. Je prends un soin méticuleux à commencer ma tournée de la communauté musulmane par cette association AMIS. À peine arrivé sur place, je constate qu'un journaliste du Parisien a été invité, sans doute par Mourad Chikaoui qui ne le lâche pas d'une semelle. C'est bizarre. Du coup, je m'attends à une entourloupe de la part de mon conseiller municipal. Avant que la prière ne commence, il est de tradition qu'un membre de l'AMIS accueille le maire et les édiles par un bref discours. C'est l'un des jeunes salafistes qui s'en charge. Il va essayer de me forcer la main, en expliquant, dans sa prise de parole, que la prière va avoir lieu sur le terrain de « la future grande mosquée sunnite de Sarcelles »…

Chaque mot a son importance. En ajoutant l'épithète « sunnite » à la grande mosquée, l'individu venait de tenter un coup de force. Il m'annonçait que les salafistes avaient l'intention de confisquer le fameux terrain à leur profit. C'était évidemment la première fois que l'on me tenait ce discours. Mais le statut de ce terrain était limpide, et les événements n'allaient pas se dérouler comme les jeunes islamistes se l'imaginaient.

Quelques années auparavant, plusieurs membres de la communauté musulmane étaient venus me dire que les capacités d'accueil de leurs différents lieux de culte n'étaient pas suffisantes. Ils souhaitaient par conséquent construire une grande mosquée adaptée aux besoins des croyants sarcellois. J'avais alors engagé avec eux une négociation sur deux points : d'abord il fallait trouver un endroit où bâtir cette mosquée, puis s'entendre sur les conditions mêmes de cette construction. Un terrain nous semblait aller de soi parce qu'à proximité du quartier Watteau où vivaient beaucoup de musulmans et parce qu'aux limites du Grand Ensemble. Concernant les modalités de la construction, j'ai imposé la création d'une association appelée la « Fédération des musulmans de Sarcelles », précisément pour éviter que l'une des associations existantes ne soit tentée de détourner la nouvelle mosquée à son seul profit. J'avais même convaincu le conseil municipal d'accorder un financement communal au volet social et culturel de l'ensemble. De mon point de vue, ce devait être la mosquée de tous les musulmans de Sarcelles.

À l'époque, tout le monde était d'accord avec ces conditions. Ladite « fédération » avait bel et bien été créée, avec des statuts qui prévoyaient qu'elle serait dirigée en alternance par un membre de l'AMIS ou de Foi et Unicité, c'est-à-dire des deux associations historiques de Sarcelles. Du coup, le terrain a été cédé pour l'euro symbolique à la Fédération, tandis qu'un permis de construire était déposé et délivré par les autorités compétentes.

Tout, donc, allait bien dans le meilleur des mondes jusqu'à ce jour de l'Aïd-el-Kébir. Le mardi 13 septembre 2016, *Le Parisien* publiait un article qui présentait le projet de « Grande Mosquée de Sarcelles » comme celui de l'AMIS. C'était évidemment faux et je me demande encore qui avait bien pu lui raconter un pareil mensonge. Les membres de l'association Foi et Unicité débarquaient immédiatement, avec le journal sous le bras, pour me faire part de leur désaccord. J'étais évidemment de leur avis : le projet que présentait *Le Parisien* n'était pas conforme aux engagements qui avaient été signés. Un rendez-vous fut donc pris avec l'AMIS afin de lever toute ambiguïté.

C'est ainsi que quelques jours plus tard, je me suis retrouvé face à Mamadou Gassama et à l'un de ses jeunes islamistes. Mon vieil ami m'a alors fait comprendre qu'il souhaitait obtenir ce terrain pour y construire la mosquée de son association, et de sa seule association. J'ai dû lui rappeler nos accords. J'ai ajouté que le terrain n'était d'ailleurs plus en la possession de la commune, mais qu'il appartenait désormais à la Fédération des musulmans de Sarcelles. Je leur ai rappelé à tous les deux qu'il était destiné à la construction d'un Centre culturel comprenant une « Grande Mosquée » ouverte à tous les croyants, quelle que soit l'association cultuelle à laquelle ils adhéraient. La Fédération qui, par chance, était alors dirigée par un représentant de Foi et Unicité, et qui l'est toujours actuellement, n'a pas transféré le terrain convoité à l'AMIS.

Ce jour de mise au point, la discussion avec le président Gassama était aussi courtoise qu'à l'accoutumée. En revanche, elle s'est très vite envenimée avec le jeune salafiste qui en est venu au chantage. « Si vous ne nous donnez pas ce terrain, vous allez comprendre qui on est, à l'occasion des prochaines législatives », m'a-t-il menacé. Quelques mois plus tard, en effet, j'ai eu tout le loisir de les voir à l'œuvre, ces salafistes, car ce sont eux qui ont fait la campagne de Samy Debah, mon adversaire malheureux aux élections législatives de 2017. Candidat sans étiquette, celui-ci s'est présenté comme un proche des Frères musulmans. J'avais compris que la bataille contre l'islam intégriste serait de longue haleine. Et qu'elle ne faisait que commencer.

Islamistes, intégristes conservateurs, salafistes, Frères musulmans, fous d'Allah… il y a pléthore d'appellations pour désigner ces individus. On nous explique que certains d'entre eux aspirent à vivre dans l'imitation de leur prophète Mahomet, en se conformant au mode de vie et aux coutumes du VIIe siècle de notre ère dans le Golfe arabo-persique, mais tout cela relève du dogme et m'intéresse assez peu. En revanche, je suis attentif à leur vision de la société française du XXIe siècle, à leur attitude à l'égard des femmes, des autres Français et des non-musulmans en particulier. Et qu'apprend-on très vite ? D'abord et bien sûr, que ces passionnés du haut Moyen Âge oriental ont une vision moyenâgeuse de la société dans laquelle ils vivent. Une vision totalement incompatible avec les aspirations de l'immense majorité des Français, qu'ils soient musulmans ou non, dans laquelle par exemple les arts et la musique seraient interdits.

Cette interdiction me rappelle une anecdote. Une école communale de Sarcelles part un jour en classe verte à la campagne. À la fin du séjour, elle organise pour les enfants une petite soirée musicale. Une boum. Mais dès les premières mesures de musique – genre variété française ou internationale – un gamin se met à hurler, à crier qu'il ne faut pas écouter cette musique de Satan, exige des boules quies pour ne pas l'entendre, des cotons-tiges pour se nettoyer les oreilles. La panique gagne les enfants qui se mettent à pleurer, conduisant les enseignants à annuler leur petite soirée. Le lendemain, j'accueille le retour de la classe verte. L'occasion m'est donnée de m'entretenir avec les parents du garçon qui est à l'origine de la crise. Ils sont évidemment confus, mais ils m'apprennent en même temps qu'ils fréquentent une mosquée de Garges-lès-Gonesse, réputée pour ses discours intégristes. Voilà un exemple concret des effets que peuvent avoir sur les enfants les prêches de certains imams radicaux. On se souvient à ce propos de celui de Brest. En 2015, Rachid El Jay était convaincu que celui qui écoute de la musique était une « créature du diable ». Il avait donc expliqué à des enfants qu'il y avait « un risque qu'Allah le transforme soit en porc soit en singe ». Cet imam qui, depuis, semble avoir évolué vers une approche modérée de sa religion, a malheureusement été victime, en juin 2019, d'une agression commise devant sa mosquée. Atteint de plusieurs balles, Rachid El Jay a toutefois eu la chance de s'en tirer au prix de quelques blessures.

Mais revenons à cet intégrisme religieux. La civilisation rêvée par l'*homo islamicus,* comme l'appelle la politologue Olfa Lamloum, chercheuse à l'Institut français du Proche-Orient (IFPO), se propose d'instaurer la polygamie, d'imposer la tutelle des hommes sur les femmes, de réserver à ceux-ci une double part d'héritage au détriment de celles-là, sans oublier bien sûr d'obliger les femmes à porter le voile. Comme dans les pays d'islam radical, les Françaises n'auraient pas non plus la liberté de divorcer, tandis que leurs maris auraient celle de les répudier ; elles ne pourraient pas davantage disposer de leur corps, n'ayant bien sûr plus droit à la contraception ni à l'avortement, deux libertés fondamentales qu'elles ont pourtant arrachées de haute lutte, il y a près d'un demi-siècle. Leur parole devant les tribunaux ne compterait pas, pas même contre celle d'un éventuel agresseur mâle qu'elles ne pourraient donc pas poursuivre. La justice que nous promettent les islamistes ne tarderait d'ailleurs pas à nous fabriquer un enfer.

Parce qu'il y a cette charia, prétendument instaurée par les successeurs de Mahomet, qui conseille de couper les mains et les pieds des voleurs – on parle même d'« amputations croisées », parce que c'est main droite et pied gauche. L'homosexualité, le blasphème, l'abandon de la religion (apostasie) sont punis de mort. Ce Code pénal des âges barbares n'est pas non plus particulièrement miséricordieux avec les femmes. Il recommande notamment de lapider celles qui se rendraient coupables d'adultère. De les lapider… Sait-on que dans certaines régions d'Afghanistan, aujourd'hui encore – au XXIe siècle ! –, de jeunes femmes enterrées jusqu'aux épaules peuvent mourir le visage martyrisé par les pierres lancées contre elles par une bande de barbus ? Certains islamistes auraient-ils, comme on le prétend parfois, pris leurs distances avec cette pratique monstrueuse ? Est-ce vraiment le cas de Tariq Ramadan, petit-fils du fondateur des Frères musulmans, lequel exigeait en son temps que l'Égypte rétablisse la charia. Eh bien, le lumineux philosophe suisse, qui est englué dans une sordide affaire de violences sexuelles infligées à des femmes, propose seulement un moratoire sur ce châtiment de cauchemar…

Quels réseaux islamistes sont-ils présents dans l'Hexagone ? Variante de l'islamisme des Frères musulmans, le Millî Görüş d'origine turque, proche de l'AKP du président Recep Tayyip Erdoğan, est particulièrement actif à Sarcelles ou à Goussainville. Mais la jeune génération de musulmans radicalisés lui préfère les thèses salafistes qui rejettent en bloc tout ce qui porte la marque de la civilisation occidentale. Très proche du salafisme, le wahhabisme d'origine saoudienne, qui est moins répandu, a financé la construction de 8 mosquées en région parisienne. Toutefois, le réseau le plus puissant reste de loin celui des Frères musulmans. Mais tout d'abord, cessons de nous cacher derrière notre petit doigt. L'Union des organisations islamiques de France, renommée « Musulmans de France » en 2017, est bien la section française de l'Union des organisations islamiques en Europe (UOIE ou FOIE) qui est elle-même directement affiliée aux Frères musulmans. Le président de la structure française a déclaré qu'il « ne faisait pas partie des Frères musulmans. En revanche, nous nous inscrivons dans leur courant de pensée ». Lui et ses pairs affirment que « Le Coran est notre constitution ». L'un des fondateurs du mouvement a enfoncé le clou en déclarant à l'adresse des Français qui n'auraient pas tout compris : « L'UOIF est une fusée à deux étages : le premier étage est démocratique, le second mettra en orbite une société islamique »...

Qui sont les Frères musulmans ? Une organisation totalitaire en opposition fondamentale et parfois violente aux pays laïcs, qui veut mettre en place des États islamistes, au moins dans les pays arabes, si ce n'est dans le reste du monde. Un programme qui lui vaut d'être considérée comme « terroriste » par l'Égypte, la Russie, l'Arabie saoudite et les Émirats arabes unis. Ajoutons que les Émirats ont aussi classé « Musulmans de France » dans la catégorie des organisations terroristes. Alors, certes, ces quatre pays ne sont pas des modèles de démocratie, et l'on se souvient que l'occupant nazi stigmatisait la Résistance en la traitant de terroriste. Mais ce qualificatif et cette diatribe sur les pratiques de l'islam devraient quand même éveiller notre vigilance d'Occidentaux. D'autant que les Frères, c'est aussi le Hamas dans la bande de Gaza, qui a souvent eu recours aux attentats suicides. Le Hamas qui a refusé les accords d'Oslo avec Israël, qui souhaite la destruction de l'État hébreu, qui s'est débarrassé violemment, à Gaza, du Fatah de Yasser Arafat. Le Hamas qui tire aussi des roquettes sur les villages israéliens pour provoquer Tsahal. Le Hamas qui pousse ensuite les jeunes de Gaza à affronter les soldats israéliens. Le Hamas qui fabrique ainsi des martyrs pour mobiliser l'opinion internationale. Les Frères musulmans, c'est aussi Mohamed Morsi, l'éphémère président égyptien issu du printemps arabe, qui a provoqué des manifestations et des violences meurtrières en voulant imposer une constitution d'État islamiste, et a fini par se faire renverser par un putsch militaire. Les Frères musulmans, enfin, c'est Tariq Ramadan…

Avec « Musulmans de France », les Frères veulent faire une OPA sur nos 8,5 millions de concitoyens de culture musulmane. Une ambition dont beaucoup de personnes issues de cette population, pratiquantes ou pas, ne veulent pas entendre parler. C'est notamment le cas de Mohammed Louizi, un cadre démissionnaire de cette organisation, que les islamistes tentent de le bâillonner à coups de procès en diffamation. Or que dit ce courageux blogueur ? Que « grâce à l'UOIF, les Frères musulmans ont réussi leur implantation en France, notamment avec des visées communautaristes, comme l'ouverture d'écoles privées musulmanes ». Mohamed Louizi est encore très en dessous de la réalité. Parce qu'en l'espace de 35 ans, les Frères musulmans ont mis en coupe réglée l'ensemble des institutions musulmanes de France. En France, ils ont déroulé leurs tentacules dans toutes les régions où, dès 2003, ils reconnaissaient être propriétaires de 30 lieux de culte tout en en contrôlant 200 de plus. Et aujourd'hui ? Combien des 2 600 mosquées de France, recensées en 2019 par le ministère de l'Intérieur, cette organisation très contestée tient-elle sous sa coupe ? Et combien d'établissements scolaires privés ? En 2007, une enquête dirigée par Bernard Godard, un ancien fonctionnaire des Renseignements généraux, expert de l'islam auprès du ministère de l'Intérieur, estimait que l'UOIF avait déjà créé plus de 250 associations de toutes sortes, qui lui permettaient d'embrigader des jeunes, des femmes et des étudiants, mais aussi du personnel médical grâce à l'Association médicale Avicenne de France. Cet hôpital de Bobigny a été créé en 1935 sous le nom d'hôpital franco-musulman parce que destiné à soigner les populations issues du Maghreb. L'un de mes amis chef de service à l'hôpital Avicenne et professeur de médecine me racontait récemment que ses étudiants étaient nombreux à arborer des signes religieux islamiques, comme le voile ou la barbe fournie. L'UOIF est aussi, et inévitablement, à l'origine d'une officine propalestinienne, le Comité de bienfaisance et de secours aux Palestiniens. Ce CBSP a tout aussi inévitablement été placé sur la liste officielle des organisations terroristes au Canada et aux États-Unis. « Musulmans de France » s'est également investi, pour des raisons financières, dans le commerce de viande hallal dont les entreprises attachées à ses réseaux détiennent le leadership. C'est que le financement de cette pieuvre fait également polémique. Officiellement, seuls 30 % de ses fonds proviennent de l'étranger, ce que conteste l'essayiste Fiammetta Venner dans un ouvrage de 2005. Le Qatar, qui est proche des Frères musulmans tout en étant wahhabite, a financé à coups de millions plusieurs mosquées, comme celles de Nantes et de Mulhouse.

La force de ces gens-là tient aussi à la dissimulation dans laquelle ils se complaisent. Cette *taqiya*, comme ils l'appellent, les autorise à cacher leurs opinions véritables pour mieux nous tromper. Voilà pourquoi ils se gardent bien d'exposer leurs convictions en plein jour. Ils louvoient, tergiversent, esquivent. Qui pense quoi ? On ne le saura jamais. Tout juste peut-on faire des suppositions après avoir entendu certains quartiers pousser des cris de joie le soir des attentats du Bataclan. Tout juste peut-on encore supposer qu'ils se sont réjouis en apprenant qu'en Irak ou en Syrie les femmes yézidies avaient été réduites à l'état d'esclaves sexuelles.

Comment voulez-vous connaître, apprécier, critiquer ou combattre une idéologie dont la propagande se fait sous le manteau ? Au moins, un parti politique, si extrémiste qu'il soit, dépose des statuts, fait référence à une doctrine, publie un programme, ce qui permet à la justice de sanctionner la publication de propos clairement antisémites, ou au gouvernement de prononcer la dissolution d'une formation qui en viendrait à flirter ouvertement avec les courants néo-nazis. Dans le cas de l'islamisme, on reste dans le flou. Mon adversaire malheureux aux législatives de 2017 s'est simplement présenté sous son nom. Il nous a aussi attaqués, Bernard Cazeneuve et moi, en prétendant que nous l'avions injurié en le traitant de « salafiste » et de « communautariste ». Bien que ni l'ancien Premier ministre ni moi n'ayons jamais prononcé ce mot, j'ai découvert, à cette occasion, que le fondateur du Comité français contre l'islamophobie, considéré comme proche des Frères musulmans, estimait injurieux d'être qualifié de salafiste…

Mes opinions à moi, on les connaît : je n'en fais pas mystère, je ne les ai jamais cachées à mes électeurs, et il m'est même arrivé, sur les plateaux de télévision, de les développer devant tous les Français. Mais que nous dira Samy Debah, mon adversaire malheureux aux législatives de 2017, de ses propres convictions, et quelle serait la France qu'il appelle de ses vœux ? Les agnostiques auraient-il le droit de s'exprimer librement ? Les Français nés musulmans auraient-ils la liberté de ne pas croire, ou de changer de religion ? Les islamistes qui ont pris la mosquée de l'AMIS nous diront-ils de quels droits disposeraient les femmes dans le monde qui serait le leur ? Laisserait-on les juifs de Sarcelles pratiquer librement leur religion, ou devraient-ils s'attendre à de nouveaux pogroms ? Et les Assyro-Chaldéens de Sarcelles, ces chrétiens d'Orient qui ont fui l'Irak, victimes des persécutions exercées par les islamistes, pourraient-ils continuer à vivre paisiblement ou devront-ils craindre le sort qu'ils ont subi, ces dernières années, du côté de Ninive ? Et s'il ne faut pas pratiquer l'amalgame entre le djihadisme et l'islam radical, où se situe la frontière entre l'un et l'autre ? S'agit-il simplement, comme on pourrait le supposer, d'une différence de stratégie, les uns et les autres défendant la même conception du monde, que les premiers veulent imposer par la violence armée et les seconds par des moyens politiques ? Aurons-nous des réponses à toutes ces questions, ou seront-elles passées par le tamis de la *taqiya* ?

Nous ne cesserons donc jamais de nous heurter au mensonge, quoiqu'il ne soit pas difficile de reconstituer le monde qui nous attendrait si ces islamistes accédaient au pouvoir, une ambition qu'ils n'hésitent désormais plus à revendiquer. Quel esprit malade a pu inventer une pareille abomination ? Après que nos parents ont eu à connaître les horreurs du Troisième Reich, après que l'on a vu à quoi ressemblaient « les lendemains qui chantent », je ne comprends pas que mes concitoyens, dont la plupart se revendiquent de la gauche, mais d'une « gauche » dont les valeurs ne sont assurément pas les miennes, puissent soutenir cet islamisme, le regarder avec indulgence ou simplement s'en rendre complice, en détournant le regard de ce qui gêne, en fermant les yeux... Pour ma part, je suis déterminé à me battre pour faire barrage à cette monstruosité.

Mais revenons à Sarcelles. Combien sont-ils, ces islamistes, salafistes ou autres, qui se sont implantés dans ma commune ? Sans doute pas plus d'une douzaine à l'origine, ces jeunes Franco-Turcs qui ont débarqué il y a cinq ou six ans de Goussainville. Mais ils ont fait des adeptes, en retournant des fidèles de la mosquée de l'Association des musulmans d'inspiration sunnite (AMIS), dont ils ont pris le contrôle, et en embrigadant de jeunes Maghrébins à la dérive. Difficile d'établir un recensement précis, et la police elle-même ne s'y risque pas, mais les individus radicalisés sont désormais plus d'une centaine à Sarcelles.

En l'absence d'une politique résolue d'endiguement, la prolifération islamique progresse, dans toute la France, à un rythme soutenu. Alors, l'islamisme, combien de divisions ? Un rapport du Service central du renseignement territorial – les fonctionnaires qui ont remplacé les « Renseignements généraux », effectuant un travail admirable – compte aujourd'hui plus de 50 000, individus contre à peine 5 000 en 2004. D'autres services de sécurité, comme la DGSI, avancent les chiffres, beaucoup plus lourds, de 70 à 160 000 radicalisés. Et l'on peut craindre que cela ne s'amplifie encore, la même source estimant que cinq fois plus de personnes fréquentent les lieux de prière contrôlées par les musulmans radicalisés. En Seine-Saint-Denis, dans la région de Lyon ou celle de Marseille, les islamistes sont activement implantés depuis une vingtaine d'années. Ils ont ouvert des mosquées qui attirent les foules et défraient aussi la chronique, lorsqu'un attentat terroriste se produit ou lorsque des individus rejoignent des zones de conflit au Moyen-Orient et dans d'autres régions du monde. Et encore, ne s'agit-il là que de lieux de culte connus, parce que la police en a aussi repéré un grand nombre qui sont clandestins, « hébergés dans des appartements, des pavillons, d'anciens commerces, des gymnases, voire des garages ou des caves », selon le rapport évoqué plus haut.

S'il est incontestable qu'ils prolifèrent, comment ces islamistes s'y prennent-ils pour s'implanter dans une ville et commencer à saper les institutions de la République ? Ce que je vais décrire, c'est la stratégie de Sarcelles. Est-elle unique, et partout reproduite de la même façon ? Je n'en sais rien. Est-elle même réfléchie et planifiée ? Je ne le sais pas davantage. À Sarcelles, la première étape a consisté à jeter une tête de pont. D'abord en essayant, comme on l'a vu, de créer un lieu de prière de toutes pièces. Puis, après avoir échoué, en prenant le contrôle d'une mosquée. C'est celle-là, conquise en noyautant l'AMIS, l'association des musulmans d'Afrique noire, qui va devenir le quartier général islamistes à partir duquel les jeunes Français d'origine turque vont tenter de conquérir Sarcelles.

Cela s'est passé à peu près de la même façon à Épinay-sur-Seine, une ville de Seine-Saint-Denis, proche de la mienne. Entre 2010 et 2012, le maire centriste Hervé Chevreau a mené lui aussi un combat sans répit contre des salafistes. La mosquée de sa commune étant menacée d'être noyautée par une association radicalisée, il est parvenu à faire en sorte que la gestion en soit reprise par la Grande Mosquée de Paris du très modéré Dr Dalil Boubakeur. Moyennant quoi, sa municipalité a dû faire face à plusieurs manifestations, où des injures, des menaces et des propos haineux ont été vociférés. Le plus inquiétant, c'est que la préfecture de Seine-Saint-Denis — adoptant la même attitude que celle du Val-d'Oise — a elle aussi cru bon d'autoriser ces rassemblements houleux. Mais Épinay et Hervé Chevreau ont tenu bon. Voyant qu'ils n'arriveraient pas à leurs fins, les islamistes se sont alors rabattus sur un petit pavillon qu'ils ont transformé en mosquée. C'est là qu'ils ont lancé leurs prêches, réussissant à entasser plus de 300 individus dans leur édifice, au mépris des règles les plus élémentaires de sécurité.

À Sarcelles comme à Épinay-sur-Seine, les islamistes ont donc commencé par investir un local, lieu de culte et centre névralgique. Où trouvent-ils l'argent pour mener à bien leurs razzias ? Il semblerait qu'ils soient financés par une nébuleuse de donateurs et d'associations installées dans des banlieues voisines, comme Goussainville ou encore Garges-lès-Gonesse. Bénéficient-ils aussi de fonds en provenance de Turquie ou des pays du Golfe, comme l'Arabie wahhabite ? Les experts l'ont souvent prétendu, mais j'aurai personnellement l'honnêteté de dire que je n'en ai pas la moindre preuve. J'ai demandé à de multiples reprises que l'on fasse des contrôles. Je ne sais pas si cela a été fait et je n'ai d'ailleurs jamais obtenu de réponse à mes sollicitations, parce qu'il paraît que l'on ne répond pas aux maires sur ces sujets… Splendeur et mystère de notre administration.

Leur tête de pont une fois établie, la deuxième étape de leur stratégie consiste à se rendre visibles. Il s'agit qu'on les voie parce que leur apparence suffit pour inquiéter les habitants les plus paisibles, qu'ils soient musulmans ou pas. L'inquiétude qu'ils suscitent va du même coup impressionner favorablement les jeunes « beurs » à la dérive, qui entretiennent souvent un ressentiment à l'encontre des non musulmans. C'est ainsi que la visibilité de ces islamistes va attirer tout une clientèle de jeunes fragiles, d'ailleurs issus ou non de l'immigration. J'ai bien vu comment cela s'est passé dans ma commune.

L'irruption de ces énergumènes dans le paysage a mis Sarcelles mal à l'aise. Ces hommes qui déambulent de jour comme de nuit près de la mosquée de l'AMIS sont parfaitement identifiables, vêtus d'une sorte de robe longue dont les plis leur descendent aux chevilles. Ils portent une petite calotte blanche et arborent une barbe fournie. Les salafistes se rasent même la lèvre supérieure, ce qu'il convient, paraît-il, d'interpréter comme une imitation de Mahomet, voire se roussissent la barbe au henné, comme on l'a vu faire, après l'attentat du marché de Noël de 2018, le père du terroriste strasbourgeois, que tout le monde a vu s'exprimer à la télévision. Les femmes ne sont plus que des fantômes gantés, intégralement couverts de drap noir. Ces silhouettes qui filent le long des rues sans un regard pour personne auraient, prétendent certains posts islamistes, librement choisi leur réclusion. Sont-elles vraiment complices de leurs bourreaux ou soumises à une prison sans incarcération qu'elles acceptent sous la pression collective ? Nombre de musulmans, eux-mêmes, sont perplexes. Un habitant de ma commune, originaire du Maroc, me faisait dernièrement remarquer que ces vêtements ne sont pas des tenues traditionnelles portées au Maghreb, mais dans le Golfe arabo-persique, en Afghanistan ou au Pakistan : « Je n'ai jamais vu, me disait-il, mes grands-parents ni mes parents s'accoutrer de la sorte. »

Davantage encore que leur tenue, c'est leur communautarisme de choc qui fait fuir les habitants de certains quartiers. Il faut savoir que cela fait également partie de leur stratégie politique : chasser de certains endroits les « infidèles », « mécréants », qu'en arabe ils appellent aussi les « kouffars », c'est-à-dire tout simplement les non-musulmans, pour se retrouver entre-soi. Outre le fait qu'une immense majorité des personnes originaires du Maghreb ou d'Afrique subsahélienne ne veulent pas de ce huis clos avec les islamistes, cette attitude est bien sûr inacceptable. La République appartient à tout le monde et je n'accepterai pas que des populations, quelles qu'elles soient, s'approprient des territoires. C'est pourtant ce qu'essaient de faire les islamistes de Sarcelles. Dans les quartiers qu'ils ont décidé de soumettre, on voit les magasins fermer ou changer de propriétaires, remplacés par des commerçants plus orthodoxes. Les épiceries ne sont plus autorisées à vendre du vin. Les charcuteries ont quitté le Marché de Grand Ensemble, avenue Frédéric Joliot-Curie, où l'on trouve plus de viande de porc. Le dernier boucher charcutier « européen » a fini par céder à la pression de militants radicaux, trop heureux de récupérer son stand. C'est la mort dans l'âme que cet Italien solide comme un roc a quitté le marché. Comme la mairie s'est toujours battue pour maintenir le pluralisme commercial, j'ai essayé de le réimplanter au « village » pour servir les habitants de ce vieux quartier historique de Sarcelles. La commune a donc rénové un local où elle l'a installé. Mais peut-être avait-il été traumatisé par cette malheureuse expérience, car il est parti vendre ses délicieux saucissons toscans, sa coppa et son jambon de parme sous d'autres cieux.

Cette stratégie de conquête des quartiers n'est pas nouvelle : Manuel Valls en a essuyé les plâtres, dans sa commune d'Évry, au début des années 2000. Une famille musulmane, qui venait de racheter une supérette Franprix, avait décidé de ne plus vendre de porc ni de boissons alcoolisées. Le maire d'Évry a alerté l'enseigne et a sommé les commerçants d'en rétablir le caractère pluraliste. Mais sans succès. Franprix a finalement retiré sa franchise au commerce, qui s'est totalement « hallalisé », tandis que le quartier des Pyramides, à Évry, se transformait en petit émirat local. L'islam radical continue de gagner du terrain en conquérant des quartiers.

Avec la prise d'une mosquée et l'enracinement dans un quartier, le troisième volet de la stratégie de conquête des islamistes, c'est l'entrisme dans les institutions locales. On les a vus tenter de prendre pied dans des partis politiques ayant pignon sur rue, mais jusqu'à présent ces tentatives se sont avérées éphémères. Même la tentative de prise de contrôle d'une cellule locale du Nouveau Parti anticapitaliste, le groupuscule trotskiste de Besancenot, a fait long feu. Après avoir réussi à se faire désigner tête de liste aux élections régionales de 2010, avec le soutien du leader postier, une femme voilée a fini par jeter l'éponge, suivie de ses sept colistiers.

Mais à Sarcelles, les Salafistes ont aussi tenté de prendre le contrôle de la Maison des Jeunes et de la Culture. Leur tentative s'est déroulée sur trois ans. Le personnel de la MJC et sa directrice Nadine Delarue ont d'abord fait l'objet de toutes sortes de pressions jusqu'en 2017. Au départ, une association dénommée « Al Andalous » a exigé la mise à disposition de salles pour délivrer des cours de soutien scolaire ainsi que d'enseignement de plusieurs langues parmi lesquelles figurait l'arabe. La MJC avait bien sûr compris de quelle manœuvre il s'agissait. Elle a pourtant fini, de guerre lasse, par donner satisfaction à l'association, qui s'est transformée dans la foulée en « Institut du Monde arabe » avant, curieusement, de prendre le nom de « Complexe Éducatif Européen City School », sûrement plus conforme à l'ambition affichée des jeunes Franco-Turcs de Goussainville.

Les embrouilles se sont alors accumulées, l'association multipliant les demandes de prêts de salles. Devant le refus de Nadine Delarue, d'ailleurs motivé par des raisons pratiques, les salafistes ont tenté à plusieurs reprises d'employer la force en occupant le bâtiment au détriment des autres associations adhérentes de la MJC. Dans le même temps, ils ont bien sûr commis des dégradations, et exercé des menaces physiques contre le personnel de la maison des jeunes. L'établissement a bien évidemment porté plainte, mais le parquet de Pontoise, qui a toujours fait preuve d'une étrange indulgence à l'égard de l'islam radical, les a classées sans suite.

Réalisant qu'ils n'arriveraient pas à leurs fins de cette manière, les islamistes ont alors eu l'idée de noyauter le site pour tenter de l'accaparer. Ils ont alors battu le rappel des jeunes désœuvrés en leur payant des sorties ainsi que des repas dans un restaurant hallal qu'ils apprécient. Ils leur ont alors expliqué que la MJC devrait s'occuper d'eux, leur proposer des activités, mais qu'elle ne s'intéressait pas aux jeunes musulmans. Ils leur ont conseillé d'adhérer massivement à l'association qui gère la MJC pour en remplacer la direction. C'est ainsi que Nadine Delarue a tout à coup découvert un afflux de nouveaux adhérents qu'elle a aussitôt jugé suspect. Des centaines de jeunes venaient prendre leur carte dont les salafistes payaient d'ailleurs la cotisation de 15 euros par an.

Le dénouement s'est joué à l'assemblée générale de l'association qui gère la MJC, lorsque les adhérents ont été appelés à élire leurs dirigeants. Les islamistes avaient mobilisé leurs troupes, à qui ils avaient bien sûr donné des consignes de vote. Mais la municipalité avait senti le coup venir. Et pour déjouer la manœuvre, elle avait suscité elle aussi un grand nombre de nouvelles adhésions. La MJC de Sarcelles n'avait jamais connu un pareil succès dans toute son histoire. Le jour même de cette assemblée générale, la direction de la MJC a fait contrôler les adhésions et les votes par un huissier. Et conformément à nos attentes, les partisans de la municipalité se sont avérés plus nombreux que ceux de nos adversaires. Les islamistes avaient raté leur coup. Après cet échec, leur prestigieuse « City School » européenne est allée s'installer dans un immeuble situé juste en face de la MJC, de l'autre côté de la rue. L'association islamiste est d'ailleurs toujours répertoriée dans le guide des associations de Sarcelles, mais au moins n'a-t-elle pas réussi à prendre le contrôle de la MJC.

Il n'est pas sorcier d'imaginer ce qui se serait passé si les islamistes avaient réussi leur opération. Les nouveaux dirigeants auraient commencé par licencier la directrice et ses adjoints, puis par en remplacer le personnel « kouffar », et sans doute aussi les salariés musulmans qui auraient refusé de faire allégeance aux nouveaux maîtres des lieux. Les islamistes auraient ensuite expulsé à peu près toutes les associations qui profitent actuellement des services de la MJC. C'est ainsi que le ciné-club, le club de musique tamoule, les amateurs de danses africaines ou les expositions de photos auraient été priées d'aller se faire héberger ailleurs. À leur place, les habitants de ma commune auraient eu droit à des cours d'arabe, de l'instruction religieuse et des lectures du Coran, payés bien sûr par les contribuables locaux. Ainsi Sarcelles aurait-elle eu le triste privilège de disposer de la première MJC islamiste de France.

Faute d'avoir pu faire main basse sur la Maison de la jeunesse et de la culture, les islamistes ne manqueront pas de repartir à l'assaut des associations locales. La ville en héberge plusieurs dizaines, depuis les Antillais du Val-d'Oise jusqu'aux amoureux de la philatélie, en passant par les pêcheurs à la ligne et les sociétés de bienfaisance. Mais, en tant que maire, j'ai toujours veillé à ce qu'échouent leurs tentatives d'infiltration, en gardant tout particulièrement l'œil sur les clubs de sport de toutes les disciplines et les associations humanitaires. Que se passerait-il si ces individus réussissaient à contrôler le football qui est tellement apprécié par les gamins et les adolescents ? Si tout à coup, ils remplaçaient les écrivains publics par des écrivains barbus ou s'imposaient en masse dans les associations de personnes âgées ? Les coups peuvent venir de partout, et la plus grande vigilance s'impose à tous, du simple électeur jusqu'au député.

Après le noyautage des institutions locales, le lavage de cerveau... Sachant que les enfants sont malléables, les islamistes s'intéressent de près à l'éducation. Le dispositif qui autorise à les déscolariser pour leur dispenser un enseignement à domicile a particulièrement retenu leur attention. Cette mesure a été prévue par la loi pour s'occuper des enfants malades. Mais peu importe. S'engouffrant dans la brèche, les salafistes incitent les parents à leur confier l'éducation de leurs enfants, et principalement des filles. Ils rendent visite aux parents à leur domicile ou les abordent à la mosquée, surtout ceux dont ils savaient que les enfants avaient des difficultés scolaires ou connaissaient des problèmes de discipline. Ces éducateurs religieux vantent alors la qualité de leur enseignement et l'ordre parfait qui règne dans leurs classes, par contraste avec le laisser-aller et le laxisme qui caractérisent selon eux l'école publique.

Les classes islamistes se déroulent dans des « écoles » semblables aux deux établissements que j'ai découverts dans la zone industrielle de Sarcelles. L'une est tout à fait officielle, déclarée sous le statut d'école privée sans contrat avec l'État. Rien n'empêche, je le sais, les associations sous ce statut, d'être en dehors des clous. D'ailleurs, le Conseil constitutionnel a validé, en juin 2018, la fermeture d'une école primaire de Toulouse gérée par un « corps enseignant » salafiste. L'inspection académique avait constaté que les enfants devaient suivre chaque semaine plus de huit heures d'instruction religieuse, forcément au détriment des matières obligatoires. Les élèves ne bénéficiaient pas d'un enseignement des sciences naturelles ni de la géographie. Quant à l'histoire, elle ne s'intéressait évidemment qu'à celle de l'islam. J'ai donc personnellement demandé rectorat de l'académie de Versailles de contrôler cette école, ce qu'il a fait. Après quoi l'administration n'a pas trouvé les moyens juridiques qui lui permettent de fermer cette école… Pour l'autre école coranique de Sarcelles, la réponse qui m'a été faite est proprement ubuesque. De quoi s'agit-il ? On n'en sait pas grand-chose, sauf que des enfants, apparemment déscolarisés, se rendent tous les jours dans ces locaux. Au regard de la loi, ce n'est en tout cas pas une école, puisqu'aucune déclaration n'a été faite par qui que ce soit aux autorités compétentes. Aussi, lorsque j'ai sollicité à ce propos le rectorat de Versailles, celui-ci m'a répondu qu'il ne pouvait rien faire dans la mesure où son administration était compétente pour contrôler les établissements scolaires et qu'il ne s'agissait pas d'un établissement scolaire. Bref, on ne peut pas fermer une école qui n'en est pas une. Autrement dit, on peut réunir des dizaines enfants tous les jours pour les endoctriner sans que personne, dans l'administration française, n'y trouve à redire. Je ne sais pas si la France est le pays des Lumières, mais ce qui me semble certain, c'est que son administration, qui nous coûte si cher, n'est pas un exemple de courage.

Pour les enfants il s'agit évidemment d'une catastrophe. Sans aucune instruction, quel sera leur avenir à l'âge adulte ? Dans certaines communes, les détournements d'enfants font florès : c'est par exemple le cas d'Épinay-sur-Seine, dont le maire Hervé Chevreau m'a confirmé que la quasi-totalité des enfants déscolarisés était de confession musulmane. Le phénomène s'est accéléré, par vagues, au gré des bouleversements sociétaux qui agitaient le pays. D'abord, il y a eu, dès 2012, le débat sur le « mariage pour tous » et les cortèges qui s'y opposaient. L'homosexualité étant criminalisée par les islamistes, on imagine quel parti ils ont pu tirer de cet épisode. Ensuite il y a eu la « théorie du genre » qu'une poignée d'illuminés ont tenté d'imposer à l'éducation nationale lorsque Najat Vallaud-Belkacem était à la tête du ministère. De quoi s'agissait-il ? Pas de nier, bien sûr, les différences physiologiques entre les filles et les garçons, mais de rappeler l'importance de l'environnement social et culturel dans la construction de l'identité sexuelle de chacun (voire de le corriger, le modifier ou le compenser). Comme cette théorie a été incomprise par ses opposants et souvent aussi par ses défenseurs, certains ont commencé à prétendre, non sans arrière-pensée, qu'il s'agissait de détruire le modèle traditionnel hétérosexuel de la famille afin d'encourager l'homosexualité, la bisexualité et la transsexualité. La troisième vague de déscolarisation — et nous sommes en plein dedans — est consécutive au débat sur « la PMA pour toutes ». Pour faire court, il s'agit cette fois d'autoriser les femmes homosexuelles désireuses d'avoir un enfant à recourir à la « procréation médicalement assistée », c'est-à-dire à l'insémination artificielle. Je sais quel discours les réseaux islamistes viennent tenir aux familles. Plusieurs de mes concitoyens issus de la communauté de culture musulmane sont venus me le raconter. Une mère de famille m'a confié : « Un jour des barbus m'ont interpellée à la sortie de l'école pour me dire : "Tu as vu ce que les Français veulent en faire, de tes enfants ? Ils veulent les confier à des homosexuels" ». En résumé : retirez vos enfants de l'école publique si vous ne voulez pas qu'elle en fasse des homosexuels et confiez-les-nous. À l'échelle du pays, la déscolarisation en faveur des écoles coraniques reste encore marginale, certes, avec seulement 25 000 élèves détournés en 2017, mais il est plus que temps de réagir.

La toute récente « Loi sur l'École de la Confiance », dont le parlement a été saisi au début de 2019, a adopté un amendement que nous avons déposé avec plusieurs députés de droite comme de gauche. Cette disposition stipule que : « L'instruction obligatoire donnée dans les familles par les parents, ou l'un d'entre eux, ou toute personne de leur choix doit faire l'objet d'une autorisation préalable de l'inspecteur d'académie dans des conditions fixées par décret ». Jusqu'à présent, pour sortir un enfant de l'école publique, il suffisait aux parents de déposer une simple déclaration à la mairie. Désormais, il faudra que l'inspection académique leur donne son feu vert. Dans le cas de figure que je viens d'exposer, le ministère n'a pas fait obstacle à la demande exprimée par la représentation nationale. Mais la compréhension entre le Palais Bourbon et la rue de Grenelle n'est pas toujours aussi fluide. Jean-Michel Blanquer, le ministre de l'Éducation nationale, a par exemple refusé d'empêcher un individu fiché S de gérer une école privée, au motif que cette interdiction serait inconstitutionnelle.

Non contents de prétendre « éduquer » les écoliers du primaire, les islamistes s'attaquent désormais aux collégiens et aux lycéens. Avec une approche cependant différente de celle employée avec les plus petits. Pour l'instant, nous n'avons à déplorer qu'un nombre limité de collèges et de lycées musulmans. Ce type d'établissements nécessite des investissements trop lourds. De plus, les contraintes réglementaires qu'il faut s'engager à respecter pour pouvoir signer un contrat avec l'État sont extrêmement exigeantes. Les islamistes ont donc choisi de contourner ces difficultés en développant un réseau extrêmement maillé de soutien scolaire et de cours privés. Il leur arrive même d'exploiter les franchises qui existent dans le business du prof à domicile comme me l'a raconté Xavier Lemoine, le maire de Montfermeil.

Les islamistes ne s'intéressent évidemment pas qu'aux adolescents scolarisés, car les jeunes à la dérive constituent également une clientèle de choix. Ainsi voit-on des individus en gandoura se rendre au contact des « lascars » qui se groupent dans les entrées d'immeubles. Quoiqu'ils se posent en matamores, les jeunes en échec scolaire sont particulièrement vulnérables. Quasi analphabètes, sans formation professionnelle, aux marges de la délinquance quand ils n'ont pas carrément basculé dedans, ils se montrent sensibles au discours de victimisation que leur tiennent les islamistes : s'ils ne trouvent pas leur place dans la société actuelle, c'est parce que la France est raciste, c'est parce que la France déteste les musulmans, c'est parce que la France les exclut. Comment ne pas entendre ces sirènes quand on a perdu tous les repères. Les militants radicalisés leur expliquent qu'ils n'ont rien à attendre de la République et qu'ils trouveront leur rédemption dans l'islam. C'est ainsi que beaucoup de jeunes délinquants se laissent pousser la barbe et se mettent à la mode vestimentaire de l'Orient. Sont-ils pour autant rentrés dans le droit chemin ? En tout cas, ils ne volent plus de scooters. Du coup certains élus crédules applaudissent la performance en clamant : « Une mosquée qui ouvre, c'est une prison qui ferme ». Ils ne vont pas tarder à déchanter, j'en ai peur.

Chapitre 3

LES PRÉTENTIONS DES « JEUNES ISSUS DE LA DIVERSITÉ »

C'est une manifestation propalestinienne qui m'a fait prendre conscience de la convergence entre les islamistes et « les jeunes issus de la diversité ». Nous sommes le 20 juillet 2014. Un nouveau conflit connu par la suite comme « la guerre de Gaza de 2014 » ensanglante Israël et son voisin depuis près d'un mois. L'affrontement, qui oppose les forces armées de l'État hébreu au Hamas, au Djihad islamique et aux Brigades des martyrs d'Al-Aqsa fait suite à l'assassinat de trois adolescents israéliens. La ville dont je suis le maire n'a évidemment rien à voir avec l'actualité tragique du Moyen-Orient. Aussi ai-je immédiatement, compris — et avec inquiétude — pour quelle raison les organisateurs d'une manifestation de « soutien à Gaza » ont jeté leur dévolu sur une commune moyenne du nord de l'Ile-de-France. C'est tout simplement parce que Sarcelles accueille l'une des toutes premières communautés juives de la région parisienne.

Cette manifestation, j'ai voulu à tout prix l'empêcher. Le dimanche 13 juillet, des heurts très violents avaient déjà éclaté dans la capitale, en marge d'un mouvement propalestinien. La peur ayant aussi gagné les responsables de la communauté juive, j'ai demandé au préfet du Val-d'Oise qu'il interdise le rassemblement de Sarcelles. En retour, ses services se sont voulus rassurants : « On connaît bien l'organisateur, on a toute confiance en lui ». Mais quand ils m'ont dit son nom, Nabil Koskossi, j'ai immédiatement mesuré la gravité de la situation. L'individu, qui était un ancien employé communal, évoluait dans ce que j'appelle « les réseaux de la diversité ». Et quand les services de la préfecture m'ont révélé le parcours que devait prendre le cortège propalestinien, j'ai été saisi d'effroi, car les autorités se proposaient tout simplement d'autoriser ces manifestants à venir jusqu'aux portes de la synagogue, en plein cœur du quartier juif de Sarcelles.

Il n'y avait ces jours-là que le préfet pour ne pas prendre conscience du danger. Les renseignements territoriaux, qui étaient en principe chargés de l'informer, ne lui avaient-ils pas parlé de ces affiches appelant à se rendre à Sarcelles, le 20 juillet, munis de bâtons et de bombes de gaz lacrymogène ? Dommage, car j'aurais pu lui indiquer les abribus de Garges-lès-Gonesse, une commune voisine de la mienne, où il aurait pu voir cet appel collé contre les parois de verre. Devant son absence de réaction, c'est moi qui ai pris un arrêté d'interdiction, quatre jours avant la date prévue de la manifestation. Mon arrêté du mercredi 16 juillet n'était bien sûr pas légal puisque seul le préfet avait cette autorité. Si je l'ai fait, c'était pour le pousser à réagir.

Le préfet a fini par interdire la manifestation le vendredi dans la soirée. Le secrétaire général de la préfecture m'a informé avoir reçu l'organisateur de la manifestation pour lui signifier l'interdiction, mais qu'en même temps, il l'avait autorisé à se rendre sur place, le dimanche à l'heure prévue, pour inviter les manifestants à rentrer chez eux… Je n'ai jamais su si c'était de la bêtise, de l'incompétence ou de la complaisance. Toujours est-il que ledit organisateur indiquait le samedi soir sur les réseaux sociaux que la manifestation était interdite, mais que lui serait présent comme prévu le lendemain à la gare RER de Sarcelles-Garges, et qu'il invitait ceux qui le souhaitaient à l'y rejoindre. L'après-midi même, une manifestation d'une rare violence, aux cris de « Mort aux Juifs », s'était tenue dans les rues de Barbes, un quartier populaire du nord de la capitale. La presse avait évoqué des « scènes de guerre »…

La suite allait prouver que j'avais malheureusement des raisons de m'inquiéter. Le dimanche 20 juillet, un millier d'énergumènes débarquait en effet dans Sarcelles à l'appel de Nabil Koskossi et de son improbable comité pro-palestinien. C'est lui et personne d'autre qui avait déposé le 16 juillet une déclaration de manifestation sur la voie publique à la sous-préfecture de Sarcelles. Officiellement, ces gens-là venaient « manifester leur soutien à la population de Gaza » et « dénoncer les violences et les crimes » que l'armée israélienne aurait commis à son encontre. Équipés de bâtons ou de barres de fer, les manifestants se sont donc retrouvés avenue Anatole France, à la gare du RER. D'où nous arrivaient-ils ? Certains étaient originaires de Sarcelles, nous les connaissions. Mais ni mes adjoints ni moi n'avions jamais vu la plupart d'entre eux.

En revanche, nous les avons entendus arriver. D'un seul coup, une immense clameur est montée de la rue. Une clameur furieuse, enragée. Et puis les hurlements nous sont parvenus plus nettement. Ça criait « Mort aux Juifs », « On va vous brûler »... Des centaines d'olibrius remontaient l'avenue Paul Valéry, depuis la gare du RER, en direction de la synagogue. Les habitants de la Petite Jérusalem, le quartier où habite la majorité de la communauté juive, se terraient. Il faut dix minutes pour parcourir ce trajet. Mais ce dimanche-là, les dix minutes ont semblé une éternité aux familles juives, barricadées dans leurs appartements.

Encore récemment, quelqu'un m'a dit : « J'ai toujours dans la tête les cris de haine de ces sauvages. Il flottait un air de pogrom. » L'un de mes interlocuteurs dans la communauté juive, un grand gaillard au physique façonné par trente ans de pratique intensive des arts martiaux, est descendu dans la rue pour voir ce qu'il s'y passait. Eh bien, ce professeur d'histoire pourtant peu impressionnable m'a rapporté que ce jour-là, il avait vraiment craint pour sa vie et pour celle de ses proches.

Heureusement que les CRS étaient là. Au dernier moment, ils ont réussi à bloquer la déferlante avant qu'elle n'atteigne la synagogue. Et toujours ces appels au meurtre, ces cris de « Mort aux Juifs » hurlés devant le barrage policier. À l'intérieur de l'édifice religieux, les personnes âgées qui étaient venues prier tremblaient de tous leurs membres. Elles avaient peur que ces enragés ne brûlent leur temple en massacrant tous ses occupants, comme ils menaçaient de le faire, d'autant que des cocktails Molotov venaient d'être lancés. Heureusement que le rabbin de Sarcelles a fait preuve de courage et de sang-froid. Accompagné de plusieurs membres de sa communauté, Laurent Berros est en effet sorti sur le parvis pour défendre la synagogue. Résolu à épauler les forces de l'ordre si cela devenait nécessaire, le petit groupe a entonné la Marseillaise à plusieurs reprises. Ce jour-là, ils étaient la République faisant barrage à la barbarie.

L'émeute s'est ensuite répandue dans Sarcelles et en particulier dans le quartier des Flanades. Des commerces presque tous juifs, mais aussi assyro-chaldéens, ont été incendiés : une pharmacie, une boucherie et l'épicerie cacher Naouri, qui avait déjà été la cible d'un attentat, deux ans auparavant. Un magasin de pompes funèbres a été détruit, de même qu'une brasserie, dont les salles ont été entièrement pillées dans la foulée. Plusieurs voitures ont également été brûlées ou attaquées, dont un véhicule de la mairie, clairement identifiable à la plaque déposée sur sa planche de bord : les vidéos réalisées par des témoins montrent des « jeunes » martelant de coups de pied une voiture, avant d'en frapper le pare-brise, une pierre à la main. Les casseurs s'en sont également pris aux distributeurs de tickets de la SNCF et au mobilier urbain, faisant éclater les vitres des abribus, mettant le feu aux poubelles, pendant que des petits groupes, très mobiles, harcelaient les forces de l'ordre. Des dizaines de cocktails Molotov furent lancées, blessant des policiers. Une dame de 91 ans, qui vivait au-dessus de la pharmacie incendiée, a dû être hospitalisée. C'est un miracle s'il n'y a pas eu de morts. Les troubles n'ont cessé qu'avec la tombée de la nuit. L'après-midi de Cristal avait duré cinq heures.

Les images télévisées de l'événement ont fait le tour du monde, donnant de Sarcelles une image déplorable dont cette ville très pauvre n'avait absolument pas besoin. L'un des responsables de la communauté assyro-chaldéenne, des chrétiens d'orient pour la plupart originaire d'Irak qui se sont installés dans ma commune depuis une trentaine d'années, m'a dit: « Ces événements préfigurent la guerre civile qui nous menace. Les manifestants propalestiniens sont venus pour se battre et pour terroriser les habitants. Ils réveillent les plaies et font exploser les liens qui unissent les gens ».

La peur de mes administrés était palpable. Le soir du 20 juillet, j'ai couru les rues de la ville pour rassurer les Sarcellois, leur répétant inlassablement: « Nous sommes ensemble, tous unis, nous ne céderons jamais. » Eux me connaissaient: ils ne doutaient pas de ma sincérité et sont venus en nombre, ce soir-là, pour m'assurer de leur soutien. Mais ce 20 juillet 2014, une digue républicaine avait cédé. Le préfet du Val-d'Oise avait trop longtemps hésité avant d'interdire la manifestation, alors même que remontaient les appels à la violence. Sans compter qu'il avait paradoxalement accordé cette autorisation absurde de se réunir au point de départ de la manifestation interdite... Était-ce en réaction à ma fermeté ? Était-ce parce que j'avais exigé une action résolue de sa part ? Toujours est-il qu'une méfiance palpable, pour ne pas dire davantage, s'est installée entre la préfecture et la mairie de Sarcelles depuis ce sinistre dimanche de juillet.

Plus de cinq ans après les événements, certaines questions sont toujours sans réponse. Que s'est-il passé, ce 20 juillet, devant la gare de Garges-Sarcelles ? Qu'est-ce que l'organisateur a bien pu déclarer à la petite foule des « manifestants propalestiniens » pour que ce rendez-vous bien sympathique se déchaîne avec une pareille férocité ? Enfin, qui a désigné ces commerces et ces voitures à la passion destructrice des émeutiers pour que leurs cibles soient essentiellement des biens appartenant à des personnes de confession juive ou à des chrétiens d'Orient ?

Il y a enfin une question qui, celle-là, ne restera pas sans réponse. Qui étaient-ils venus soutenir, au fond, ces quelques centaines de « militants pro-palestiniens » ? La Palestine, la population de Gaza ou le terrorisme islamique ? Parce que le Hamas, le Djihad islamique et les Brigades des martyrs d'Al-Aqsa, à l'œuvre dans la bande de Gaza, sont tous les trois des organisations « considérées comme terroristes » par le Conseil de l'Union européenne et le département d'État américain. Alors, qui les émeutiers étaient-ils venus soutenir ? Osons une comparaison : ceux qui, dans les années 1960, appelaient à « soutenir » le peuple espagnol, alors écrasé sous la botte de Franco, apportaient évidemment ce soutien aux organisations politiques qui combattaient la dictature. Même chose dans les années 1970, quand toute la France, quand toute l'Europe soutenait le Chili ou l'Argentine : c'était bien les organisations en lutte contre les militaires putschistes que soutenaient les manifestants, et pas une nation hypothétique, pas un peuple idéalisé. Quant à ceux qui soutenaient l'an dernier le « peuple vénézuélien », c'est évidemment à Juan Guaido qu'ils apportaient leur secours. Alors, en juillet 2014, c'était bien le terrorisme islamique qu'étaient venus soutenir les émeutiers de Sarcelles, et pas une entité territoriale. Il était important, comme on le verra par la suite, de le rappeler.

Voyons maintenant qui sont ces « manifestants pro-palestiniens » du 20 juillet 2014. Quelle est leur identité. En règle générale, on les définit comme des « jeunes issus de la diversité ». Je ne sais pas qui l'a trouvée, cette appellation, mais elle a fait mouche. La presse, la télévision, la classe politique, les sociologues et les éducateurs spécialisés s'en sont emparés avec délice, parce qu'il n'existe pas d'expression aussi chargée de connotation positive pour désigner les adolescents et les jeunes adultes dont les parents sont arrivés du Maghreb et d'Afrique noire.

Mais attention à ne pas se tromper. Les « jeunes issus de la diversité » ne sont jamais asiatiques, même si les Chinois ou les Vietnamiens sont somme toute assez divers. Ils ne sont pas davantage indiens, pakistanais, brésiliens ou arméniens, et pas non plus issus de nos territoires ultramarins dont les populations ont une origine, une culture et une histoire très éloignées, elles aussi, de celles de leurs concitoyens métropolitains. Ils n'appartiennent pas davantage aux populations juive ou chrétienne d'Orient, très nombreuses dans ma commune, bien que ces deux dernières plongent elles-mêmes leurs racines dans l'histoire récente du Proche et du Moyen-Orient.

Il faut bien souligner aussi que l'écrasante majorité des personnes issues de l'immigration maghrébine ou subsaharienne ne participe jamais à des émeutes antisémites. Ceux-là sont de jeunes femmes et de jeunes hommes paisibles et parfaitement intégrés, qui réussissent leur vie professionnelle comme leur vie de famille. Certains sont ouvriers, d'autres sont patrons, d'autres sont commerçants, d'autres encore fonctionnaires, d'autres sont sportifs professionnels, d'autres enseignants, ou bien informaticiens, ou encore mécaniciens auto, d'autres sont artistes, d'autres employés dans la restauration, d'autres syndicalistes, d'autres sont médecins. Et soyez sûrs que tous ces enfants de l'immigration arrivent à s'en sortir aussi bien que les autres Français de même condition sociale qu'eux.

Parmi ceux qui sont originaires de Sarcelles, plusieurs ont même acquis une indéniable notoriété. C'est le cas de Seybah Dagoma, qui a grandi à Sarcelles avant de devenir avocate d'affaires et députée de Paris de 2012 à 2017. C'est aussi le cas de Ramzi Khiroun, qui est devenu directeur des relations extérieures du groupe Lagardère, après avoir été l'un des communicants de Dominique Strauss-Kahn, ou celui de Mohamed Dia, créateur de mode et chef d'entreprise, qui a lancé une ligne de sportswear à son nom. C'est encore le cas de Merwan Rim qui est un chanteur et auteur-compositeur à succès. C'est toujours le cas de Riyad Mahrez, l'ailier droit de Manchester City, qui est capitaine des « Fennecs », l'équipe nationale d'Algérie championne d'Afrique des nations. C'est bien sûr le cas de Wissam Ben Yedder, l'avant-centre de Monaco qui est l'une des étoiles montantes de l'équipe de France de football. C'est enfin le cas de Myriam Soumaré, qui est douze fois championne de France d'athlétisme et médaille d'or du 200 mètres aux championnats d'Europe de Barcelone. Ceux-là, comme beaucoup d'autres, ont réussi leur projet de vie à force d'opiniâtreté, de travail et d'intelligence.

Alors quels « jeunes issus de la diversité » se sont aussi tristement illustrés le 20 juillet 2014 dans les rues de Sarcelles ? Ceux qui sont en échec scolaire, en échec social, en échec professionnel. Ceux qui refusent l'intégration, qui méprisent la culture, qui tournent le dos à l'emploi. Ceux qui flirtent avec la délinquance, avec la violence, avec le trafic de drogue. Ceux qui n'aiment pas la France, qui haïssent les Juifs, qui refusent l'égalité homme-femme. Ceux qui sont séduits par tous les discours victimaires, ceux que l'extrême gauche évoque avec la larme à l'œil et la voix qui tremble.

Les vidéos de ce sinistre dimanche de juillet les montrent cagoulés, encapuchonnés, la tête sous un keffieh, certains même drapés dans les couleurs de la pauvre Tunisie, d'autres agitant des drapeaux de la Turquie, hirsutes, braillards. On les voit jeter sur les forces de l'ordre tout ce qui leur tombe sous la main, on les voit, lorsque les policiers réagissent, prendre la fuite comme des volées d'étourneaux, on les voit aussi s'indigner, protester de leur innocence, quand ils sont interpellés. Une veulerie en bande organisée que je connais bien, pour être allé au contact de ces « jeunes » à des dizaines de reprises, lorsque des incivilités étaient commises, ou lorsqu'éclatait une bagarre entre des quartiers.

Ce sont les mêmes qui sortent dans les rues les soirs d'attentats. Les mêmes qui se réjouissent quand le terrorisme islamique ensanglante la France. Les mêmes qui se faufilent, ombres furtives, pour pousser leurs youyous. Les mêmes, qui chantent quand des Français meurent, parce que l'ignorance, chez eux, le dispute à la sauvagerie et la bêtise à la méchanceté. Sont-ils nombreux, ces « jeunes du 20 juillet » ? On en a vu un millier, ce dimanche-là, dont certains sans doute avaient débarqué des communes voisines. À quelques exceptions près, un millier exclusivement masculin, en partie parce que les femmes ne sont pas attirées par cette mouvance, et aussi parce que les « frères » estiment que la place des « sœurs » n'est pas dans leur compagnie. Un millier sur 150 000 habitants des quatre ou cinq communes dont Sarcelles, dont la plupart était originaire, autant dire une infime minorité de nos habitants.

Comment quelques centaines de petits mâles à la dérive peuvent-ils s'avérer aussi toxiques ? Tout simplement parce qu'ils sont remontés par leurs gourous. C'est qu'ils ont des leaders, les « jeunes issus de la diversité », le plus souvent des coqs de quartier, dont il arrive que l'un parvienne à prendre l'ascendant sur ses pairs. Ces maîtres à penser ont fréquemment cumulé quelques années d'études, mais sans toujours parvenir à s'arracher aux communes pauvres de la banlieue. Alors on les voit s'essayer à la politique, presque toujours à gauche, mais avec une nette inclination pour la radicalité tout en gagnant leur vie dans la culture ou l'éducation municipale, voire en faisant leur nid dans le tissu associatif.

Leur programme politique ? Ils n'en ont aucun. Enfin si, qui tient en quelques mots : « Dégagez, laissez-nous la place, c'est notre tour, celui de la diversité ». L'un des premiers candidats de ce type à avoir revendiqué aussi brutalement le pouvoir est un certain

Mourad Boughanda. En 2001, sa candidature « sans étiquette » séduit 718 électeurs (6,6 %) au premier tour des municipales. Il récidive en 2008, puis en 2014, en réunissant un peu moins de votants. Sa liste « Pour un Sarcelles plus juste dans sa diversité » obtient 3,4 % des suffrages exprimés. Lui se bat contre « le communautarisme » et « le clientélisme » que je suis supposé promouvoir dans ma commune.

Un second candidat de la diversité se manifeste lui aussi au début des années 2000. Sylvain Ramsamy, Français d'origine mauricienne, prétend avoir milité au sein de l'opposition de gauche dans son île, avant de tâter du journalisme et même de faire du cinéma. C'est quelqu'un, en tout cas, qui a un immense besoin de reconnaissance sociale. Encarté au parti socialiste, le voilà élu dans mon équipe municipale en 2001. Tout va bien jusqu'à ce que ce conseiller municipal s'en prenne à l'un de mes adjoints. J'essaie de le ramener à la raison, mais en vain.

Un soir, à l'issue d'une séance du conseil, nous avons la surprise de le trouver devant la mairie, à la tête d'une micro-manifestation. Sylvain Ramsamy avait rameuté quelques amis, des militants associatifs et des voisins de palier. Ils brandissaient des pancartes sur lesquelles on pouvait lire : « pour la défense des opprimés » et « non à la dictature ». De quelle dictature était-il question ? Apparemment, de celle que nous étions supposés co-exercer, Dominique Strauss-Kahn, alors député du Val d'Oise, et moi-même. Exclu du PS, mon ex-camarade annonçait, quelques mois plus tard, son intention de se présenter à l'élection présidentielle de 2007. Mais faute de réunir les 500 signatures nécessaires, il se rabattait l'année suivante sur l'élection municipale. La liste « Pour un Sarcelles plus juste dans sa diversité », qu'il conduisait, obtenait dans les bureaux de vote 3,4 % des suffrages exprimés.

En 2004, Ridda Zaoui totalise, quant à lui, 4,38 % des voix en se présentant contre moi aux élections cantonales. Sans affiliation politique connue, ce garçon de 29 ans est simplement le candidat du quartier des Rosiers. Sa profession de foi exprime crûment la seule ambition des « jeunes issus de la diversité » : « Pourquoi toujours eux, pourquoi pas nous ? » Après lui, il y a encore Boualem Snaoui. Ce professeur est candidat à la députation lors de la législative partielle de décembre 2007, convoquée pour succéder, dans la 8e circonscription du Val d'Oise, à Dominique Strauss-Kahn. DSK vient en effet de partir à Washington pour prendre la tête du Fonds monétaire international. Boualem Snaoui mobilise finalement 154 électeurs (2,22 % des suffrages) derrière le drapeau d'Euro Palestine, un groupe d'extrême gauche très radical et fréquemment taxé d'antisémitisme. Le même se représentera cinq ans plus tard aux législatives de 2012, cette fois sous l'étiquette verte et rouge de la Fédération pour une alternative sociale et écologique, une mouvance d'élus communistes plus ou moins dissidents, surtout implantée dans la « banlieue rouge ». En 2012, Boualem

Snaoui obtiendra 162 voix dans la 8e circonscription du Val-d'Oise.

Mais revenons aux élections municipales. En 2008, nous avons dû cette fois affronter une liste chevènementiste à forts relents de communautarisme. Alors que j'avais derrière moi les différentes sensibilités de la gauche, dont les communistes, dans la tradition de l'union de la gauche puis de la gauche plurielle, cette liste menée par un certain Rachid Adda se présentait en nous accusant de désunir les forces de gauche… Elle réunissait tout de même 1 054 voix, soit 9,10 % des électeurs, alors que nous l'emportions dès le premier tour avec 68,83 % des suffrages. Qui avait favorisé l'éparpillement des voix de gauche ? Originaire de Sarcelles, ce Rachid Adda a fait de brillantes études d'ingénieur avant d'estimer que le temps était venu, pour lui, de prendre la ville de son enfance. Il a essayé de le faire « à contre-gauche », en surfant sur le vieux fond de cet antisionisme qui ne laisse pas d'interroger. S'il avait été élu maire de Sarcelles, Rachid Adda n'aurait pas tardé à entrer en conflit avec une communauté juive à peu près équivalente à la population d'origine musulmane, soit environ 12 000 membres. Preuve de cette volonté de souffler sur les braises : le MRC de Jean-Pierre Chevènement a publié, dès le lendemain des émeutes de 2014, un communiqué pour déplorer que les manifestations pro-palestiniennes aient été interdites. Aujourd'hui, Rachid Adda a déserté Sarcelles pour aller vivre… à Versailles.

Le dernier en date des gourous sarcellois s'appelle Nabil Koskossi. C'est un parangon de culture, tendance rap. Président de l'association « Made in Sarcelles », spécialisée dans ce genre musical, il aime bien promener son look étudié sur YouTube : alopécie soignée, barbe taillée au cordeau, lunettes noires, le tout faisant un peu penser au Docteur Muller dans les aventures de Tintin et Milou. Comme rien de ce qui est culture ne lui est étranger, il s'indigne aussi du « désert culturel » qui caractérise la commune dont j'ai été le maire. Il s'est bruyamment ému, par exemple, que ma municipalité envisage de débaptiser ou de renommer la bibliothèque municipale, qui s'appelle Anna Langfus en hommage à cette femme écrivain, juive polonaise, qui était venue vivre à Sarcelles en 1946, après avoir miraculeusement survécu à la Shoah. Le roman qu'elle avait publié en 1962, *Les bagages de sable*, avait été distingué par le prix Goncourt. Il aurait évidemment été scandaleux de débaptiser la bibliothèque Anna Langfus. Et je dois avouer que j'ai été interloqué quand la rumeur m'est remontée aux oreilles, nombre de Sarcellois étant venus me faire part de leur désapprobation après avoir appris la triste nouvelle. J'étais d'autant plus médusé que ni moi ni mon équipe municipale n'avions la moindre intention de ce genre.

Ce phénomène s'est aussi scandalisé, une autre fois, qu'un enfant de Sarcelles, « issu de la diversité », soit obligé de parcourir des kilomètres pour voir une exposition. Ayant bien observé les jeunes du 20 juillet, j'ai eu beaucoup de mal à les imaginer parcourant des kilomètres pour visiter des expositions d'art contemporain, ce en quoi je me trompais sûrement. Mais baste, il est bien sûr inexact de prétendre que ma commune pauvre de la banlieue nord n'organise pas d'expos. Des exemples ? Au printemps 2019, celle de Jean-Jacques Cinélu – « Art récup, Art brut, Art urbain » – a présenté des sculptures réalisées avec des matériaux de récupération dans les locaux l'École d'Art Janine-Haddad. En 2014, la même galerie avait déjà exposé les étonnantes réalisations de la sculptrice Janine Kortz-Waintrop. Chaque fois, l'entrée était libre… Fin 2019, s'y est également tenue la dernière édition de la Biennale internationale de la Gravure et de Nouvelles Images de Sarcelles. Les « jeunes issus de la diversité » s'y sont-ils précipités ? J'aimerais bien. Tous les ans, la ville organise quatre, voire cinq expositions. Nabil Koskossi les visite-t-il lui-même ? Je n'en sais fichtre rien, mais j'ai bien peur, au vu de ses déclarations, qu'il ignore même l'existence de ces expos.

En avril 2019, je l'ai déjà évoqué, un concert réunissant des musiciens musulmans, juifs et catholiques a été donné salle André Malraux. Ensemble, ils ont interprété des cantiques en arabe, en hébreu et en latin, ainsi que des chansons profanes. Au concert, pas de Nabil. Un puits de culture comme lui ne peut quand même pas être hostile à ce genre de manifestation pacifique. Ce serait trop difficile à croire. En tout cas, Sarcelles n'est pas un trou noir culturel. Je n'irai pas prétendre que ma petite ville est une capitale mondiale des arts, nous ne sommes pas New York, Londres ou Berlin, mais la programmation est assez riche, tout en restant à la hauteur de nos ressources. Il suffit de s'informer pour le constater.

C'est ainsi que cette personne s'est peu à peu fait connaître des « jeunes issus de la diversité ». Il s'agissait de transformer le héraut de la cause rap en tête d'affiche politique. C'est assez simple : quand vous tenez le rap, vous tenez les jeunes de la diversité. Vous pouvez dire n'importe quoi, ils sont prêts à marcher sur les mains. Et si vous leur dites, de manière implicite ou même explicite : votez pour moi, on est pareil, on sort du même moule, vous en faites illico des électeurs, tout disposés à s'imaginer que l'argent public va désormais tomber du bon côté.

Aussi monstrueux que cela puisse paraître, la manifestation du 20 juillet 2014 a joué le même rôle. Je ne prétendrai pas que Koskossi a eu le cynisme de provoquer une émeute pour mobiliser ses électeurs. Mais en se posant comme le champion local de la lutte propalestinienne, il servait ses ambitions électorales futures. Peut-être n'y pensait-il pas, tous les matins en se rasant, à cette élection départementale de mars 2015. Reste que l'idée devait bien l'effleurer de temps en temps.

Restait à faire voter les « jeunes issus de la diversité », ce qui n'était pas une mince affaire. Nabil Koskossi et sa colistière déposèrent une candidature « divers gauche » dans le canton de Sarcelles. C'était un

« divers » qui pouvait paraître « extrême » et qui semblait mâtiné de communautarisme pro-palestinien, tendance islam radical. Ce cocktail indigeste n'a pourtant étonné personne, s'agissant d'un vibrion dont les positions politiques ont toujours relevé de la haute voltige. Parce que monsieur Koskossi s'est récemment illustré à l'occasion de « nuit debout », ce happening loufoque qui a servi de vitrine, sur la place de la République, aux ambitions que l'ultra-gauche nourrissait pour la société française. Mais cela ne l'a pas empêché, dans le même temps, de continuer d'exercer ses responsabilités, à l'époque comme « directeur des services de la jeunesse » d'Argenteuil, une commune dont le maire, Georges Mothron, est un républicain tendance droite musclée. Cette cohérence douteuse a-t-elle fini par désappointer jusqu'aux jeunes électeurs issus de la diversité ? Toujours est-il que le 22 mars 2015, Nabil Koskossi n'a réuni que 782 voix, soit 9,78 % des suffrages exprimés, loin derrière les candidats du Parti socialiste et loin derrière ceux du Front national. Rapporté à la population communale, ce score ne représentait guère que 2,8 % des électeurs inscrits...

Attention toutefois de ne pas confondre les gourous et les candidats islamistes. À Sarcelles, Nabil Koskossi n'appartient pas du tout à la même tribu que Samy Debah. S'il se laisse pousser la barbe, c'est davantage par référence à Marx qu'à Mahomet. Il n'est pas sûr que les prières ni le ramadan soient de son goût. Quant à ses copains, ils semblent plutôt des rappeurs. En tout cas, Nabil Koskossi et mon adversaire malheureux aux législatives sont aussi éloignés l'un de l'autre que c'est possible. L'illuminé gauchiste, qui a adopté, comme tous ses semblables, les standards de vie à l'occidentale, se défie du fanatique religieux. Quant au second, il doit abhorrer le premier, tout autant que les apostats, les renégats et les mécréants.

Tout cela n'empêche pas ces deux individus aux antipodes d'avoir un intérêt commun pour « le vote musulman ». Aucun des deux ne fera basculer toute la communauté musulmane, dont ils savent qu'ils ne l'arracheront plus à la République, mais les marginaux, les losers, les plus faibles, les plus influençables, les plus malléables, la cire molle. Les « jeunes issus de la diversité » qui sont en pleine dérive. Le gourou et l'islamiste s'appuient tous les deux sur leurs origines maghrébines, ou sur leur identité musulmane, pour tenter d'entraîner ces gamins paumés des cités dans leur délire mortifère : la violence de l'ultra-gauche pour le premier, le radicalisme islamique pour le second.

L'un a besoin de l'autre et réciproquement. Tous les deux étant opposés à la démocratie, chaque coup porté à la République est vécu comme une petite victoire. Si les islamistes veulent instaurer un ordre religieux, ils ne sont pas hostiles aux violences commises au nom de la Palestine. Si l'ultra-gauche rêve d'un État palestinien obéissant à des principes marxistes, ils ne sont pas hostiles à l'idée d'une alliance avec les islamistes, comme on l'a vu plus haut. À Sarcelles, ils unissent leurs efforts, comme s'ils avaient signé un pacte. Après tout, ce n'est pas la première fois que la « gauche radicale » et le fondamentalisme religieux s'entendent. Lors de la révolution iranienne, par exemple, le parti communiste Toudeh s'était d'abord allié avec les mollahs. Quatre ans plus tard, quand les communistes ont cessé de lui être utiles, l'ayatollah Khomeini les a tous fait exécuter…

Les voilà donc tous unis, pour le meilleur, ça va de soi. Séparément, ils ne peuvent par atteindre une majorité municipale. Mais en faisant leurs comptes, les soirs d'élection, les uns et les autres ont fini par se convaincre qu'en s'unissant, ils pouvaient bricoler une majorité. C'était leur pari des dernières législatives. C'est leur pari pour les prochaines municipales, à Garges-lès-Gonesse, à Sarcelles ou ailleurs. Cette belle alliance du niqab et de la faucille, ils la préparent en secret. Mes amis « musulmans républicains », qui sont très bien informés par leurs réseaux, me donnent régulièrement des détails de cette union naissance, ou des sujets qui sont abordés lorsque Nabil Koskossi et mon adversaire malheureux aux législatives se rencontrent. Une page nouvelle de notre histoire politique est en train de s'écrire sous nos yeux : un vote uniquement en fonction de l'origine de la personne est en train de s'installer inéluctablement, dans l'indifférence générale pour ne pas dire avec la complaisance, voire le soutien de trop nombreux Français.

Les deux adeptes d'idéologies de l'extrême s'entendent, me dit-on, pour mobiliser leurs soutiens dans les banlieues. Si les réseaux des gourous de la diversité et ceux des islamistes ne sont pas les mêmes, ils ont des pièces en commun. Dans une commune, un gourou peut imposer son leadership à plusieurs autres, moins influents, moins implantés, vieillissants ou encore trop blancs-becs. À Sarcelles, on en a vu émerger de toutes sortes depuis une vingtaine d'années. Des gourous qui se sont auto-proclamés sous toute une variété de plumages politiques : on a vu des trotskistes, des mélenchonistes, des chevènementistes, des communistes plus ou moins dissidents, des écolo-gauchistes, et j'en passe. De la même façon, certains islamistes parviendront à prendre l'ascendant sur d'autres chefaillons religieux, d'obédiences différentes : à Sarcelles, un proche des Frères musulmans est parvenu à s'imposer aux salafistes qui tiennent la mosquée d'Afrique noire.

En dessous, on a les caïds, qui règnent sur un quartier ou un groupe ethnique, et les « grands frères », dont l'influence se limite à une famille, à un immeuble. Les caïds et les « grands frères » sont interchangeables. Pas très regardants sur l'idéologie, ils privilégient leurs intérêts, comme le territoire, que sont d'ailleurs prêts à leur concéder les gourous comme les islamistes. Que se passe-t-il à l'occasion d'une élection ? Les caïds et les « grands frères », dont les gourous et les islamistes se sont attaché les services, peuvent mobiliser les électeurs qui vivent dans leur sphère d'influence.

Si l'efficacité électorale de ces réseaux ne m'avait jusqu'à présent pas convaincu, cela est très vite en train de changer. En tout cas, les partis politiques crédules ne manquent pas, dont ils font briller les yeux. Il s'agit souvent de groupuscules éphémères, mais pas toujours. Certaines formations nationales en panne de militants offrent sans rechigner leur investiture à des gourous issus de la diversité. On a vu le PS et l'UDI jouer à ce jeu dangereux dans la Seine-Saint-Denis et le Val-d'Oise. Il arrive même que ces partis aient des quotas de candidats issus de la diversité. Militant socialiste depuis des années, un jeune patron de SSII de mes relations, qui voulait présenter sa candidature aux élections européennes, s'est entendu répondre, à l'époque, par la Rue de Solférino : « Ah, mais ce n'est pas possible, on a déjà le quota de candidats de la diversité ». Ce jeune patron lui a répondu, et vivement, qu'il était socialiste, pas « candidat de la diversité ».

Les candidats issus de la diversité ont, eux, une démarche diamétralement opposée. S'ils exigent une écharpe tricolore, c'est précisément au nom de leur diversité. Souvenez-vous : « Notre tour est arrivé »... On les voit parader en costume, arborant une étiquette républicaine, ce qui ne les empêche pas de passer des accords en sous-main avec les islamistes. Le deal est simple : faites voter pour moi et je saurai renvoyer l'ascenseur. Autrement dit : ma municipalité trouvera des arrangements avec vous, en ce qui concerne les subventions déguisées aux mosquées, les horaires des piscines, l'absence de mixité dans les équipements sportifs, et tout le reste.

Leur seul projet, on l'a déjà dit, c'est d'occuper la place, de s'installer au pouvoir. Pour quoi en faire ? Ils se voient déjà Malek Boutih, Kofi Yamgnane, Mounir Mahjoubi, Nora Berra, Rama Yade, Rachida Dati. Sauf que ceux-là sont de vrais politiques, compétents, réfléchis, convaincus et talentueux. Ils doivent leur parcours à leurs qualités propres, pas à leur origine culturelle. Malek Boutih est une personnalité de premier plan, animée de convictions fortes, structurée par une réflexion originale, et dont les positions courageuses sont respectées. Nora Berra est une Européenne déterminée, dotée d'une profonde culture de démocratie, républicaine sans concession, et capable d'une vraie vision politique. À côté d'eux, les candidats de la diversité sont des ectoplasmes. Ce sont des opportunistes dont la seule raison d'être consiste à faire le lit de l'islamisme dans les banlieues parce que cela sert leurs intérêts personnels.

Une pareille approche de la politique n'est pas digne de la démocratie. Rien d'étonnant : dans la plupart des cas, les « candidats issus de la diversité » ne sont pas des démocrates. Ce sont des ennemis de la démocratie. Dans les joutes électorales, leurs méthodes sont inacceptables. Il m'est arrivé d'avoir des affrontements rugueux avec la droite, mais jamais mes adversaires ni moi n'avons basculé dans la haine, l'injure, la diffamation et la menace. La droite et nous avons toujours respecté la courtoisie républicaine. Eux l'ont toujours ignorée, signe que la République n'a aucune signification à leurs yeux.

À Sarcelles, ces opposants d'un genre nouveau disent de moi, bien sûr, que je suis « islamophobe ». Les adversaires des « candidats de la diversité », comme des islamistes sont — il faut le savoir — toujours islamophobes. L'expression, qui désigne, au sens étymologique, une personne à qui l'islam fait peur, a été détournée de son sens, avec le consentement de cette extrême gauche donneuse de leçons, pour signifier « quelqu'un qui déteste les Arabes » ou « quelqu'un qui hait les immigrés ». Le premier apôtre de cette confusion est mon adversaire aux élections législatives de 2017. Ce professeur aurait fondé son Collectif contre l'islamophobie en France après avoir entendu Claude Imbert, le directeur de l'hebdomadaire *Le Point*, déclarer dans une émission télévisée : « Moi, je suis un peu islamophobe, cela ne me gêne pas de le dire ». On imagine le tollé général si un journaliste aussi en vue avait déclaré à la télé : « Moi, je suis un peu raciste, cela ne me gêne pas de le dire ». Ce n'est évidemment pas ce qu'il avait dit. Claude Imbert avait simplement admis que l'islam — et en l'occurrence, il parlait de cet islam intégriste — l'effrayait un peu, ce qui peut très bien se comprendre quand on écoute le discours de certains prédicateurs musulmans.

Dans mon cas, c'est bien ce que mes adversaires insinuent : que je suis raciste, particulièrement à l'égard des immigrés venus de l'autre rive de la Méditerranée. Comment me défendre ? Je n'aurais aucune difficulté à poursuivre quiconque me traiterait de « raciste », parce qu'il lui serait difficile de démontrer, devant un tribunal, que j'ai pu me rendre coupable d'un tel délit. En revanche, poursuivre quelqu'un qui vous a traité d'« islamophobe » est une autre paire de manches... Il pourra toujours prétendre que mon refus d'aménager les horaires de la piscine municipale est une insulte au « prophète », qui justifie à ses yeux l'emploi du qualificatif « islamophobe ». Et comme je n'ai pas une confiance aveugle en la justice de mon pays, je ne suis pas prêt à parier qu'aucun juge ne sera d'accord avec ce sophisme.

De plus, je ne suis pas taxé d'islamophobie à visage découvert. Ces insultes me sont toujours envoyées de dessous la capuche. Ce qui est plus difficile à contrer et donc plus commode pour qui sait manier l'injure. Voilà pourquoi la rumeur — par définition, également anonyme — qui immanquablement m'arrive aux oreilles, parce que c'est à cela que sert une rumeur, ainsi que les incontrôlables et invérifiables réseaux sociaux, bruissent avec tant d'insistance à mon sujet. Je suis islamophobe parce que je me suis rendu en Israël à plusieurs reprises. Je suis islamophobe parce que je soutiens la communauté juive dans les épreuves qu'elle traverse. Je suis islamophobe pour avoir tenté de créer à Sarcelles un centre de déradicalisation. Je suis islamophobe parce que je demande aux Turcs de reconnaître le génocide arménien de 1915. Je suis islamophobe parce que je soutiens le droit du Haut-Karabakh à disposer de son avenir malgré l'Azerbaïdjan.

Voulez-vous un exemple des injures balancées par les réseaux sociaux ? Prenez le blog « histoire d'islam ». Son auteur n'y va pas par quatre chemins, n'hésitant pas à me comparer à Adolf Hitler. Son article, qui est daté du 12 août 2018, est même illustré de deux photos — l'une du dictateur nazi, l'autre du député français — dans une attitude voisine. Le blogueur écrit : « Comparons les propos du führer sur les Juifs dans *Mein Kampf* avec ceux du député François Pupponi prononcés à l'égard des "islamistes" dans *Le Figaro* : "Nous assistons aux prémices d'une implantation assumée par tous et par les services de renseignement. Mais l'État ne fait rien pour éviter la catastrophe". » Un peu plus loin, il poursuit : « Si les propos sont tellement similaires, c'est que la pensée est identique. » Enfin, il termine : « Adolf Hitler et François Pupponi partagent une volonté systématique de réduire leur ennemi respectif à l'état d'un animal conquérant. » Qui est derrière ce site ? Impossible de le savoir : ses auteurs sont anonymes. Je suis donc islamophobe — et à ce titre un épigone d'Adolf Hitler — parce que je m'oppose à l'implantation d'une idéologie résolument décidée à combattre les principes fondamentaux de la République. Je suis islamophobe parce que j'ai fait fermer des lieux de cultes illégaux et demandé à l'Éducation nationale d'en faire autant avec des écoles Coraniques plus ou moins clandestines (pour l'anecdote, le ministère m'a d'ailleurs répondu qu'il ne pouvait fermer des écoles clandestines puisque, par définition, elles n'existaient pas). Je suis islamophobe, toujours, parce que je soutiens les associations musulmanes comme Foi et Unicité contre les salafistes qui leur pourrissent la vie…

Mes adversaires issus de la diversité alliés à leurs frères ennemis islamistes ne se contentent pas de dénoncer ma prétendue « islamophobie ». Ils en veulent aussi à mon « communautarisme ». Quoi, je privilégierais les Corses de Sarcelles ? Pas du tout. À en croire mes détracteurs, je soutiendrais toutes les communautés présentes à Sarcelles autres que la « oumma » des musulmans : les Assyro-Chaldéens, chrétiens d'Orient principalement originaires de Turquie, les Français de souche et les Juifs. Inutile de préciser que, pour l'essentiel, la dénonciation vise mon prétendu communautarisme juif. Le vieux fond d'antisémitisme de mes opposants locaux peut enfin donner libre cours à leurs fantasmes. On les a entendu hurler, les réseaux sociaux et les manifestants, que je soutenais les Juifs. Il est aussi des observateurs extérieurs pour accréditer ces accusations de communautarisme sans trop se poser de question. Si untel le dit, c'est forcément vrai. Un film m'a abondamment montré, une kippa sur la tête, prononçant un discours devant la communauté juive. C'était forcément pendant les fêtes juives. Il aurait tout aussi bien pu me monter discourant devant la communauté musulmane lors de ses fêtes religieuses, parce que je n'en manque pas une. Je vais aussi célébrer les fêtes chrétiennes avec les catholiques antillais ou avec les Assyro-Chaldéens. Et bien sûr, je ne manque aucune célébration laïque et républicaine. Non, là, dans *Sarcellopolis*, me voilà obsessionnellement chapeauté d'une kippa, devant la communauté juive. C'est quand même tendancieux. Ce documentaire est un film partisan, militant, soutenu, notamment, par *Mediapart*. C'est une vidéo à charge. Quel besoin a-t-on toujours de déformer la réalité, de tordre la vérité, comme ces obscurs fonctionnaires, dans les années 1930, qui gommaient les visages bannis des photos officielles ?

Mais la dénonciation ne leur suffit pas toujours. Alors il y a la menace. Elle aussi est cagoulée, diffuse, sournoise. Elle vous arrive via Facebook, YouTube, Instagram et les autres. C'est ainsi que des blogs vous menacent régulièrement, et assez symptomatiquement, de vous « égorger », faisant référence à des « moutons de l'Aïd » ou aux pratiques de Daesh à l'époque de son « califat », allez savoir. Comment la chroniqueuse Natacha Polony doit-elle prendre cette menace quand elle est courageusement proférée sur Tweeter par un certain Marcelin Deschamps ? Et comment les « jeunes issus de la diversité », eux-mêmes, l'entendent-ils ? Marcelin Deschamps, c'est le pseudonyme dont s'est affublé l'un d'entre eux, Medhi Meklat, pour accabler les Juifs et les personnalités hostiles à l'islamisme. « Une mauvaise blague, qui ne correspond pas du tout à mes opinions », a plaidé le rédacteur du Bondy Blog, autoproclamé « média qui raconte les quartiers », quand son pseudo a été éventé…

Parfois, il arrive aussi que les menaces soient suivies d'un passage à l'acte. Le 18 décembre 2018, il faisait nuit quand une très jeune femme s'est fait attaquer dans de la Petite Jérusalem. Des barbares lui ont fracturé le nez à coups de poing, avant de lui voler son sac en la traitant de « sale Juive ». Elle avait 20 ans à l'époque. Ses courageux agresseurs étaient six « jeunes issus de la diversité ». Des mineurs âgés de 14 à 16 ans, comme beaucoup des casseurs observés dans la « manifestation du 20 juillet 2014 ». Je veux bien croire qu'il n'est aucunement dans l'intention de Koskossi de cautionner ces violences immondes. L'ennui c'est que les esprits les moins structurés puissent désormais se les autoriser. Doit-on laisser la banlieue s'ensauvager sans réagir, comme semblent le penser ceux qui m'accusent de haïr cette jeunesse ? Moi je préfère me battre pour tenter, autant que possible, de l'arracher à son néant.

Chapitre 4

UN ÉTAT TROP FAIBLE FACE À UN ISLAMISME CONQUÉRANT

J'observe avec inquiétude l'étrange capitulation de l'État. Je me suis systématiquement heurté à l'indifférence de ses services déconcentrés, chaque fois qu'il m'est arrivé d'alerter l'attention du préfet, du procureur de la République ou du recteur de l'académie sur des dérives qui me semblaient menacer les principes fondamentaux de la République. Je ne sais pas si c'est la peur, la lâcheté, la naïveté, l'ignorance, la nonchalance ou la complicité qui est à l'origine de cette démission, mais l'attitude de l'État a changé depuis le début des années islamistes.

À Sarcelles, le premier coup de force des intégristes remonte aux années 2015 à 2017 quand ils ont tenté d'installer une mosquée radicale dans le quartier Chantepie. Ils avaient loué un pas-de-porte, un ancien commerce, dont ils commençaient à faire une salle de prière. Je me suis informé auprès du Service de renseignement territorial (SRT), l'administration qui, dans la police, a pris la succession des « renseignements généraux », pour savoir s'ils connaissaient les fondateurs de cette mosquée improvisée. « Ce sont de jeunes Turcs primo-arrivants, extrêmement inquiétants, dont le chef se fait surnommer "l'Arménien" », m'ont confié les enquêteurs.

Je me suis alors adressé à la préfecture qui ne pouvait pas ignorer ce que m'avait appris ce service de renseignement qui travaille de façon très professionnelle. « Des individus que vous savez dangereux viennent d'ouvrir une mosquée totalement illégale, sans vous demander la moindre autorisation. Quand allez-vous prendre un arrêté de fermeture ? » ai-je demandé. J'ai alors eu droit à un florilège de propos embarrassés de la part des fonctionnaires. Et comme aucune réponse ne m'était donnée, j'ai moi-même appelé la commission de sécurité de la mairie qui, constatant que les normes n'avaient pas été respectées, m'a fourni un prétexte suffisant pour fermer cette mosquée intégriste. Mais c'était à l'État, gardien des valeurs de la République, de fermer cet endroit, et non pas à la mairie en raison d'un manque de sécurité. L'État avait reculé : l'étrange capitulation commençait.

À la même époque, des riverains me signalaient un curieux va-et-vient d'enfants et de femmes voilées rue de l'Escouvrier, dans une zone industrielle de Sarcelles. Je me rendis sur place et découvris deux locaux occupés par des femmes accompagnées d'enfants qui avaient toutes les apparences d'écoles Coraniques clandestines. J'ai conseillé aux animateurs du premier local de faire une déclaration. C'est devenu une école privée hors contrat, quoiqu'il y ait peu de chance que l'on y enseigne le programme défini par l'éducation nationale, conformément à la loi. En revanche, les écoliers devaient sans difficulté pouvoir réciter les sourates du

Coran. Quant à l'autre adresse, elle était gérée par une vague association de femmes musulmanes appelée « Institut musulman ». Vu l'aspect décati des lieux, j'ai aussitôt dépêché sur place mes services municipaux. Leurs conclusions, formelles, ont confirmé mes inquiétudes : les deux lieux ne respectaient aucune norme de sécurité.

J'en ai aussitôt parlé à Manuel Valls, encore ministre de l'Intérieur, qui m'a fait recevoir par le procureur de la République et par le préfet. L'un et l'autre m'ont poliment écouté avant de prendre congé. Et puis l'affaire s'est arrêtée là. Je suis alors intervenu à l'Assemblée nationale en exigeant que l'on renforce les moyens permettant de fermer les écoles illégales. Réclamation à laquelle Najat Vallaud-Belkacem, la ministre de l'Éducation nationale, a opposé une fin de non-recevoir, en arguant que les moyens existants étaient bien suffisants.

Je suis revenu à la charge après la formation du gouvernement d'Édouard Philippe, mais la réaction de Jean-Michel Blanquer a été en tout point identique à celle de son prédécesseur. Et le lendemain, le recteur d'académie m'appelait pour m'apporter une explication qui tenait davantage du syllogisme que de la gestion responsable de l'enseignement : « Votre école n'est pas déclarée, donc ce n'est pas une école, donc ce n'est pas à nous de nous en occuper », m'a énoncé le docte fonctionnaire. Une fois encore, l'État avait reculé.

Une nouvelle preuve de cette étrange capitulation m'a été offerte à propos de mon adversaire aux élections législatives. Pudiquement qualifié de « divers » lors de la publication officielle des résultats électoraux, celui-ci est fondateur du Collectif contre l'islamophobie en France (CCIF). Est-il salafiste ? Je n'en sais rien. Il m'attaque d'ailleurs en justice pour l'avoir prétendu, alors que je n'ai jamais employé ce terme. Les experts préfèrent le situer dans la mouvance des Frères musulmans et dans la proximité du petit-fils de leur fondateur, le « philosophe » suisse Tariq Ramadan.

Lors des législatives de 2017, qui l'ont vu faire campagne à l'intérieur ou devant les mosquées de la huitième circonscription du Val d'Oise, mon adversaire a tout de même réuni, au premier tour, 2 352 votes, soit 13,94 % des suffrages exprimés. Au second tour du scrutin, il a rassemblé pas moins de 34,20 % des électeurs, et même la majorité absolue des votants, avec plus de 55,67 % des voix, dans la commune de Garges-lès-Gonesse. Autant dire qu'il prépare, depuis ce succès, les élections municipales de 2020. Et qu'il conduira la liste « divers » — pas salafiste, mais quand même islamiste — à Garges-lès-Gonesse.

Mon adversaire malheureux, qui était professeur d'histoire à Gonesse, prépare activement le terrain. Dès le résultat des législatives de 2017, il a décidé de se faire muter à Garges-lès-Gonesse. Encore fallait-il que l'Éducation nationale accepte, parce que le personnage est sulfureux. Eh bien, l'Éducation nationale a accepté, sans se poser la moindre question. Pour le moins surpris par cette nomination, je m'en suis étonné à plusieurs reprises devant le préfet du Val-d'Oise, ainsi que devant des cadres supérieurs de la police et de la gendarmerie. L'avis de ces responsables des services déconcentrés de l'État a été unanime. « Cet individu est extrêmement dangereux, il ne devrait même pas être dans l'éducation nationale », a reconnu le préfet. Mais alors pourquoi l'avoir muté à Garges-lès-Gonesse, pourquoi lui avoir donné les clés de cette ville de 42 000 habitants ? « C'est compliqué, on ne peut rien faire, a répondu le préfet : ce sont les règles internes à l'Éducation nationale ». Une fois encore l'État a reculé. Toujours cette étrange capitulation, à moins qu'il ne s'agisse d'une complicité…

Et ça n'en finit jamais. Rien ne semble en mesure de désamorcer l'esprit d'abdication qui caractérise les administrations de l'État. Prenez la politique de la ville. Les réseaux islamistes grouillent autour des services chargés de distribuer des subventions et de financer des emplois d'insertion. Parce qu'il y a beaucoup d'argent : le Commissariat général à l'Égalité des territoires dispose d'un budget de 520 millions d'euros pour 2019. Ces fonds lui permettent d'intervenir pour aider les jeunes issus des quartiers en difficulté à trouver du travail dans les grands projets d'activité. Un exemple ? Le groupe Auchan s'apprêtait, en association avec un partenaire chinois, à investir 3,1 milliards d'euros dans EuropaCity, un immense parc de loisirs et de commerces qui devait être construit sur la commune de Gonesse, voisine de Sarcelles (le gouvernement a annulé le projet en novembre 2019). À terme, 15 000 emplois auraient été nécessaires pour faire vivre ce parc. Les porteurs du projet avaient donc créé une association, EuropaCity Compétences, qui avait commencé, en mai 2019, à rencontrer des candidats, en s'intéressant particulièrement aux jeunes issus de la diversité. J'ai assisté au démarrage de cette mission. Et qui ai-je vu à ces toutes premières réunions ? Mon adversaire malheureux et sa clique, bien décidés à ne pas laisser passer une pareille aubaine. Cela fait plusieurs années que les islamistes tentent de prendre en main les associations d'insertion. Pour eux, c'est un moyen de proposer des jobs aux jeunes radicalisés en les faisant payer avec de l'argent public. De quoi renforcer leur prestige dans les banlieues, tout en faisant financer leurs recrutements militants par les contribuables. Que font les préfets, les procureurs de la République et les autres services déconcentrés pour casser cette machine infernale ? Rien, parce que l'État recule encore et toujours…

D'abdication en renonciation, de dérobade en résignation, l'État français donne l'impression à une poignée d'islamistes, de salafistes ou de Frères musulmans de n'être qu'un tigre en papier. Ça n'est même plus une impression, c'est devenu une certitude. Quelle image, aussi, cet État pusillanime peut-il donner de lui-même à ses administrés ? Celle de pouvoirs publics incapables de les protéger contre une minorité terriblement agissante, inquiétante, menaçante, dangereuse, que les Français confondent encore souvent avec le terrorisme meurtrier de ces dernières années. Comment rassurer, encore, la grande masse des musulmans républicains, celle des femmes qui refusent d'être voilées et des hommes qui refusent de courber l'échine ?

Ces compatriotes attendent toujours de la République qu'elle établisse les règles d'une pratique religieuse conforme à leurs aspirations et en accord avec le mode de vie d'une civilisation avancée. Eux avaient toujours cru que la France des Lumières et de la Révolution avait définitivement réglé la question religieuse, qu'elle avait fait rentrer sous terre les dévotions archaïques, qu'elle avait converti les Églises à ses valeurs. Ceux-là avaient raison. Depuis deux siècles, une France forte a su imposer des règles à la pratique des religions. Ça a d'abord été le cas du catholicisme avec le Concordat de 1801. Là, on ne parle pas d'une religion minoritaire, mais d'une religion assidûment pratiquée par près de 29 millions de Français, soit 97 % de la population totale de cette époque. Il n'est pas inutile de rappeler aussi que ce catholicisme a été la religion de l'État au cours des 1 300 ans d'existence de la monarchie capétienne et qu'il venait de s'engager violemment, au cours de la décennie précédente, dans les tumultes de la Révolution française.

Mais le bras du Consulat n'a pas faibli, car Bonaparte entendait imposer un État fort. Dans son premier article, le Concordat décrétait que « la religion catholique, apostolique et romaine sera librement exercée en

France ». En échange de cette liberté, les 38 articles suivants encadraient strictement la pratique de cette religion et même l'organisation de l'Église. Ainsi, les prêtres et les évêques devaient-ils désormais prêter serment de fidélité au gouvernement. Ainsi, les évêques étaient-ils nommés par le Premier consul avant d'être bénis par le pape. L'État fort allait même jusqu'à encadrer la formation des prêtres et jusqu'à obliger les fidèles à réciter une « prière pour la République » à la fin de chaque office. C'était il y a deux siècles. Aujourd'hui, personne n'envisagerait d'imposer un régime aussi rigide à la pratique de l'islam, peut-être même pas l'extrême droite... Mais en continuant de ne rien réglementer, tout le monde voit bien que la République ouvre la voie à toutes les dérives.

Revenons à notre État fort. Au début du XIXe siècle, le Consulat ne s'était pas contenté d'organiser l'Église catholique sur le territoire de la nation. Parce que Bonaparte avait aussi imposé le régime concordataire aux protestants, cette fois en 1802. Deux cents ans après les guerres de Religion, les partisans de la Réforme ne représentaient plus que 2 % de la population française, alors qu'ils étaient 11 % vers 1560. Leur culte était encore interdit avant la Révolution et même passible de la peine de mort pour les pasteurs qui seraient surpris à célébrer l'office. Le Consulat a eu la force d'imposer à la fois la libre pratique de cette religion à la France catholique et aussi de contrôler les protestants. Bonaparte l'a fait en jacobin, imposant à cette église minoritaire des institutions officielles centralisées sur le modèle de l'Église catholique. Dès lors, le consistoire calviniste et le consistoire luthérien allaient regrouper des responsables religieux et des laïcs chargés d'administrer et d'organiser leur religion dans le cadre des institutions de l'État. C'est grâce à ces deux consistoires que le gouvernement dispose depuis lors d'interlocuteurs autorisés à s'exprimer au nom des protestants français. Où se trouvent aujourd'hui les interlocuteurs musulmans de la République ?

Le Consulat, qui était un gouvernement fort, allait aussi s'immiscer dans l'organisation du judaïsme. C'est ainsi qu'en mai 1806, l'Empereur Napoléon, cette fois, décrétait qu'une « assemblée d'individus professant la religion juive et habitant le territoire français » se réunirait deux mois plus tard pour répondre à une douzaine de questions concernant leur attachement à la France et leur vision de la société. Il leur fut demandé si la France était leur patrie, s'ils étaient disposés à la défendre et s'ils entendaient en respecter les lois. On leur a également demandé s'ils considéraient les autres Français comme leurs concitoyens ou comme des étrangers. La question de la polygamie leur a été posée : les hommes étaient-ils autorisés, selon leurs coutumes, à épouser plusieurs femmes ? On les a interrogés à propos du divorce, leur demandant s'il était autorisé par les lois juives. Enfin, on leur a demandé si une femme de leur communauté avait le droit d'épouser un chrétien. Se permettrait-on, aujourd'hui, de poser les mêmes questions aux personnes se réclamant de l'islam ? Deux siècles après le Concordat, les mêmes questions seraient-elles d'ailleurs déplacées, indécentes, irrespectueuses ou superflues ? Je rappelle qu'un sondage réalisé en septembre 2016 par l'IFOP montrait que 29 % des musulmans considéraient que les principes de leur religion devaient l'emporter sur les lois de la République. Je rappelle aussi qu'il n'y a pas si longtemps, des jeunes issus de l'immigration ont pris l'initiative de siffler la Marseillaise au Stade de France, en présence du Premier ministre Lionel Jospin. Ce soir d'octobre 2001, celui qui était candidat à l'élection présidentielle est resté pétrifié sur la chaise, incapable de réagir. Cette paralysie a-t-elle pesé sur le scrutin, six mois plus tard, en faisant passer Jean-Marie Le Pen devant le héraut socialiste ?

Pour dérangeantes qu'elles fussent, ces questions ont pourtant été soumises aux représentants de la communauté juive, lorsque la question s'est posée de la compatibilité de leurs pratiques religieuses avec les principes de la République. Certains sujets étaient tellement épineux — les rabbins s'opposant par exemple aux mariages mixtes — que les débats ont duré plus d'un an. Enfin, en mars 1808, Napoléon a publié un décret qui réglementait le culte juif. Les quelque 40 000 israélites de France y étaient organisés en territoires, dont chacun disposait d'un consistoire chargé de veiller à ce que ces citoyens respectent scrupuleusement les principes de l'Empire français. Un Consistoire central était, quant à lui, chargé de transformer en lois religieuses les engagements pris par la communauté. C'est bien sûr lui qui allait s'imposer comme l'interlocuteur unique des juifs auprès du gouvernement, et qui allait s'engager à ce qu'ils se soumettent à la France. Aujourd'hui, l'islam n'a pas de Consistoire central. Qui tient ce rôle, en 2019, dans la communauté musulmane ? Est-ce le Conseil français du culte musulman (CFCM) ?

Mais continuons à dresser l'inventaire des rapports de force imposés par une République forte au pouvoir religieux. Ce rappel de l'histoire de ces deux derniers siècles est indispensable à la compréhension du sujet qui nous occupe. En 1905, la Troisième République était enfin installée, après un âpre combat contre les royalistes revêtus des oripeaux républicains. En 1905, la République était, du coup, assez forte pour inventer la laïcité à la française. Le gouvernement Maurice Rouvier pouvait abroger le Concordat qu'il remplaçait par la loi de séparation des Églises et de l'État. Désormais, était-il écrit, « la République assure la liberté de conscience », elle « garantit le libre exercice des cultes », mais elle « ne reconnaît, ne salarie, ni ne subventionne aucun culte ». Avec la loi de 1905, l'Église catholique perdait beaucoup de privilèges, mais conservait toutes les obligations qui lui avaient été faites par la République. Une République qui avait été assez forte pour imposer ses principes à un catholicisme de combat.

Depuis le Concordat, la France a ainsi montré qu'elle ne marchandait pas ses valeurs fondamentales avec telle ou telle religion. Ce n'était plus à l'Église catholique de porter la voix de la France, mais à la République, garante de la liberté de tous les Français. Désormais les choses avaient l'avantage d'être claires. Et tout manquement à ces principes pouvait dès lors être sanctionné. Vieilles religions dans un vieux pays, le catholicisme, la réforme protestante et le judaïsme ont accepté les règles de fonctionnement qui leur ont été imposées. Qu'attend-on pour inviter les musulmans à rentrer dans le rang ?

Peut-être que notre pays renoue avec le sens de l'autorité qui lui fait défaut depuis quarante ans. Parce que la France est désormais représentée par une République faible. Faible sous Mitterrand, faible sous Chirac, faible sous Sarkozy, faible sous Hollande et, pour finir, faible sous Macron. Jusqu'à présent, notre Président n'a pas eu une attitude jupitérienne lorsqu'il s'est agi de faire face à l'islam.

Qui se souvient encore quand tout cela a commencé ? Qui se souvient de cette fillette scolarisée dans une école primaire d'Épinal, préfecture des Vosges. C'était en 1989 : François Mitterrand était encore à l'Élysée et Lionel Jospin au ministère de l'Éducation nationale. J'étais inspecteur des impôts et jeune militant socialiste. À l'époque, la laïcité ne faisait pas débat. Certes, les grandes manifestations de soutien à l'école catholique avaient jeté, cinq ans plus tôt, plusieurs centaines de milliers de personnes dans les rues de Paris. Mais le Vatican lui-même n'aurait pas prétendu, un seul instant, contester le principe de laïcité dans l'école publique.

C'est cette année-là, en juin 1989, qu'une toute petite gamine a pourtant décidé de se voiler pour venir à l'école. Les instituteurs, au début, ont pensé à un caprice d'enfant. Arrivé les beaux jours, la voyant transpirer à grosses gouttes sous son foulard traditionnel, ils ont estimé que la plaisanterie avait assez duré. La directrice de l'école primaire lui a donc demandé de retirer son voile. La fillette a bien sûr refusé et son père, qui était président de l'Association musulmane culturelle des Vosges ainsi que directeur de l'école Coranique, en a fait une affaire médiatique.

L'Académie de Nancy-Metz, autorité de tutelle de l'école spinalienne, a alors été appelée à trancher le débat. Et le moins que l'on puisse dire, c'est qu'elle y est allée à reculons. Pour finir, elle a tout de même reconnu que le principe de laïcité devait être respecté dans tout l'espace scolaire. Elle a donc soutenu la directrice et ses instituteurs. Mais, en même temps, l'académie a accepté que les fillettes des classes primaires portent le hijab en salle de cours… Autrement dit, la République a une fois de plus eu la faiblesse de reculer.

L'absence de courage dont a fait preuve l'Académie de Nancy-Metz a ouvert la boîte de pandore. Après c'était Creil, dans l'Oise. Dès la rentrée de septembre, trois adolescentes ont à leur tour refusé de retirer leur voile religieux. En conséquence de quoi, elles ont été exclues du collège, avant d'être réintégrées quelques semaines plus tard. Entre-temps, elles, leurs parents et leurs soutiens avaient négocié un accord avec l'administration, au terme duquel elles acceptaient de retirer leur foulard en entrant en classe, tout en étant autorisées à le remettre en place à l'issue du cours. Elles pouvaient donc circuler voilées à l'intérieur du collège. Cette demi-mesure était une demi-victoire pour les islamistes, mais une défaite à part entière pour la laïcité. Voilà comment une République faible s'est de nouveau couchée devant des exigences religieuses.

Quant au ministre de l'Éducation nationale de l'époque, il a déserté en rase campagne. Entendons-nous bien, il ne s'agit pas pour moi d'intenter un mauvais procès à Lionel Jospin pour qui j'ai beaucoup d'estime. Mais cette fois-là, le militant laïque qu'il a toujours été a vraiment manqué de sens politique comme d'esprit républicain. À une journaliste venue l'interviewer sur cette histoire des foulards, voilà ce que répondait Jospin : « Et qu'est-ce que vous voulez que cela me fasse que la France s'islamise ? » En peu de mots, le futur candidat aux élections présidentielles de 1995 et de 2002 renonçait d'emblée à faire barrage à la montée de l'intégrisme.

À l'époque des premières attaques contre la laïcité, Lionel Jospin n'a peut-être pas bien mesuré dans quel combat la France était engagée. Peut-être n'était-ce pas encore assez clair. Mais dix ans plus tard, les islamistes étant définitivement sortis du bois, plus personne ne pouvait avancer le prétexte de l'ignorance. En 1999 et en 2000, le ministre de l'Intérieur et des Cultes posait les premiers jalons de ce qui deviendrait, trois ans plus tard, le Conseil français du culte musulman. Partisan de toujours d'un République forte, Jean-Pierre Chevènement avait parfaitement saisi les données du problème. S'il s'agissait de favoriser l'émergence d'un interlocuteur légitime, en « l'absence d'un clergé unifié et hiérarchisé », il n'était pas question que celui-ci refuse de faire allégeance aux principes républicains. Deux siècles auparavant, la création de leurs consistoires avait permis aux protestants comme aux juifs d'intégrer leurs cultes à la France post-révolutionnaire. Autant dire que pour Chevènement, le modèle du consistoire devait pouvoir s'appliquer à la communauté musulmane.

En préalable, le ministre a avancé un postulat essentiel à la liberté religieuse : le futur CFCM devait reconnaître à ses coreligionnaires le droit de changer de religion. Aux yeux de Chevènement, ce principe fondamental n'était pas négociable. La difficulté, c'est que l'apostasie (en l'occurrence, l'abandon de l'islam pour une autre religion) est, aujourd'hui encore, passible de la peine capitale, dans l'esprit de nombreux exégètes du Coran. D'emblée, les négociateurs musulmans ont dit non, puis ils ont accepté du bout des lèvres, face à la fermeté de Jean-Pierre Chevènement, avant de finalement refuser cette liberté à leurs coreligionnaires. C'est ainsi que le futur CFCM a perdu d'emblée toute légitimité. Reste une question : pourquoi le Premier ministre, Lionel Jospin, et le président de la République, Jacques Chirac, n'ont-ils pas soutenu davantage leur ministre des Cultes ?

Trois ans plus tard, Nicolas Sarkozy, devenu à son tour ministre de l'Intérieur et à ce titre « ministre des Cultes », passe outre les recommandations de ses conseillers, alignés sur la position de Chevènement. Sarkozy est pressé de conclure. Mais faute d'être intransigeant sur les principes républicains, le Conseil français du culte musulman (CFCM) finalement créé en juin 2003 n'est pas sur de bons rails. Comment peut-on par exemple assurer la formation des imams quand ce sujet est un lieu d'affrontement entre des modérés ouverts aux Lumières et des intégristes incapables d'accepter la laïcité à la française et, plus généralement, les valeurs de l'Occident ? Voilà pourquoi il apparaît très vite que ce CFCM est bancal. Du coup, le CFCM de Sarkozy est rejeté par une majorité de musulmans, près de la moitié des mosquées refusant de participer à l'élection de ses membres. À l'arrivée, on se retrouve avec un CFCM qui n'organise toujours pas le culte musulman, qui échoue à faire accepter la République à tous ses coreligionnaires et qui ne peut parler en leur nom. En résumé, les deux mandats de Jacques Chirac n'ont pas davantage fait avancer la question de l'islam républicain que les deux septennats de François Mitterrand. Et pendant ce temps-là, les intégristes n'ont pas cessé de grignoter du terrain. Toujours cet État faible…

Avec l'entrée de Nicolas Sarkozy à l'Élysée, certains musulmans ont voulu recommencer à y croire. S'il avait échoué comme ministre des Cultes, ceux-là voulaient espérer qu'il pouvait réussir comme Président. La lecture de son livre *La République, les religions, l'espérance* (Éditions du Cerf, 2004) les y a sans doute encouragés. J'y avais moi-même relevé plusieurs idées intéressantes.

À son tour, François Hollande a eu les mains qui tremblaient. Dommage, parce que les conditions étaient réunies pour qu'il réussisse là où ses prédécesseurs avaient échoué. Lors de l'élection présidentielle, 93 % des électeurs musulmans avaient voté en sa faveur. A priori personne n'était donc mieux placé que lui pour aborder avec cette population la délicate question de l'organisation de leur culte. Et puis, il y a eu des opportunités tragiques. C'est terrible à dire, mais la succession d'attentats terroristes dont son quinquennat a été le théâtre aurait dû le pousser à clarifier enfin les relations entre l'islam et la République.

D'abord Mohammed Merah. C'est à deux mois de l'installation de François Hollande à l'Élysée et en pleine campagne présidentielle que cet assassin a commis les épouvantables crimes de Toulouse et de Montauban. En janvier 2015, c'est au tour de la rédaction de Charlie Hebdo d'être mitraillée par deux terroristes. Dix mois plus tard, ce sont les attentats du Bataclan. Et le 14 juillet suivant, à Nice, le massacre au camion fou de la promenade des Anglais. La France de François Hollande a particulièrement été ciblée, parce que c'était l'époque où Daesh, qui lui avait déclaré la guerre, était à son apogée. Dans ces années noires, une écrasante majorité de musulmans était certes épouvantée à l'idée que certains voudraient lui faire porter la responsabilité de cette tragédie. Mais ceux-là étaient aussi éplorés et solidaires de leurs compatriotes. Au sein de la communauté, une minorité, on le sait aussi, était indifférente, voire ravie que ces crimes viennent atténuer on ne sait quelle frustration. Il n'y avait pas de moment plus propice pour amener cette religion et ses adeptes à accepter les valeurs de la République. Pourquoi le Président socialiste ne l'a-t-il pas fait ? Parce qu'il aurait fallu être fort, et François Hollande ne l'était pas.

Après Hollande, vint Emmanuel Macron. Ancien ministre de son prédécesseur, le candidat à l'élection présidentielle nous promettait une révolution. *Révolution* était d'ailleurs le titre du livre programmatique qu'il avait publié en novembre 2016 chez XO Éditions. Mais cette révolution, les musulmans républicains l'attendent toujours. Certaines idées avancées en 2016 laissaient pourtant espérer qu'il serait le président d'une République forte, sans faiblesse face à cet islam qu'il convenait enfin de réglementer, pour le plus grand bien de ses pratiquants et surtout de ses pratiquantes, mais au grand dam de ses ultras.

Que disait Macron ? Que « la place de l'islam, deuxième religion pratiquée dans la France contemporaine n'appelle pas une révision de la loi de 1905, qui a posé les bases de la laïcité à la française ». Et le futur président ajoutait : « nous devons agir : pour aider les musulmans de France à poursuivre la structuration d'institutions représentatives de leur religion dans le pays. Pour lutter de façon déterminée contre toutes les dérives radicales qui détournent les valeurs de cette religion ».

Tout était là, tout était dit en quelques mots. Emmanuel Macron éprouvait pourtant le besoin d'être encore plus précis, d'enfoncer le clou. Ainsi réglait-il son compte à l'apostasie : « la République garantit à chacun la liberté fondamentale de croire et de pratiquer la religion qu'il s'est choisie, comme la liberté fondamentale de ne pas croire ». Ensuite, faisant le constat que « moins de 10 % des musulmans français se sentaient représentés par le Conseil français du culte musulman », il s'engageait à « aider les musulmans à restructurer l'islam de France ». Parce que c'était une exigence formulée par le plus grand nombre d'entre eux : « Les musulmans, constatait-il, souhaitent être plus intégrés à la société française et mieux représentés ».

Pour Emmanuel Macron, la République n'avait donc pas fait ce qu'elle aurait dû faire : « L'État, écrivait-il, est beaucoup intervenu dans l'organisation du culte musulman, mais de façon désordonnée et contradictoire ». Il fallait tout recommencer, tout reprendre à zéro : « Demain, promettait le candidat à la présidence, une nouvelle structure permettra de relancer les principaux chantiers du culte musulman en France », comme son organisation, comme la construction et l'amélioration de lieux de culte et comme la formation des imams.

Voilà ce que proclamait le candidat. Deux ans ont passé sans que le président n'ait réorganisé l'islam de France. Il faut reconnaître que les difficultés n'ont pas cessé de croître depuis son arrivée à l'Élysée. Un signe : un mois après sa prise de fonction, c'est un proche du président turc Erdogan qui a pris la tête du CFCM. Et l'arrivée d'Ahmet Ogras est généralement interprétée comme un renforcement des Frères musulmans au sein de l'institution.

Depuis, le projet qu'Emmanuel Macron souhaitait proposer a été remis, semestre après semestre, sur la table des négociations, pendant que certains membres du CFCM protestaient contre ce qu'ils considéraient comme une intrusion des pouvoirs publics dans les questions touchant à l'organisation de leur culte. Pire : la seule révélation sur l'état des discussions, qui ait été consentie par Emmanuel Macron, sonne comme un désaveu. Le Président a en effet évoqué une « actualisation » de la loi de 1905, alors qu'il n'avait jamais été question d'y toucher. Bref, la situation n'est pas très encourageante au moment où nous mettons ce livre sous presse, et il y a tout lieu de craindre une nouvelle reculade de la part d'une République trop faible pour défendre ses principes fondamentaux face à un islam de moins en moins modéré.

D'ailleurs, le Président a eu plusieurs opportunités de reprendre la main. Mais « l'homme le plus intelligent de France » les a gâchées les unes après les autres, à l'exemple du rapport Borloo. Il avait en effet confié le soin à l'ancien ministre centriste de lui rendre un rapport sur la politique de la ville. Mais en mai 2018, jour de la réception dudit rapport, il a laissé un zigomar proto-islamiste traîner Borloo dans la boue. Jean-Louis n'en a pas pris ombrage. Un pitre est un pitre. Il s'est simplement fait une idée, assez définitive, du sérieux dont était capable le locataire de l'Élysée.

Parce que, dans les banlieues populaires de l'Ile-de-France, de Marseille ou de Lyon, parce que dans les « quartiers » des grandes agglomérations françaises, de Toulouse à Lille et de Grenoble à Nantes, des prédicateurs barbus continuent de propager une doctrine qui ne reconnaît pas les valeurs de la République. Face à cela, les préfets ont toujours d'autres priorités, estiment toujours que les propos illicites ne sont pas assez clairement établis pour fermer les mosquées les plus radicales. Ce qu'ils ont fait à Sarcelles, ils le font dans toute la France. Les experts du ministère de l'Intérieur estiment qu'il n'y aurait que 100 à 150 mosquées salafistes sur les 2 500 que compte la France. En février dernier, Christophe Castaner a dressé un premier bilan de l'action de l'État contre ce fléau : de l'aveu même du ministre, seules 7 d'entre elles ont été fermées depuis l'entrée en vigueur de la loi sur la sécurité intérieure et la lutte contre le terrorisme, en novembre 2017. C'est ce que Castaner appelle « un bilan positif ».

Chapitre 5

CES COMMUNES QUI FONT LE LIT DE L'ISLAMISME

Je n'aurais jamais cru que le premier maire qui céderait devant des exigences des islamistes serait Martine Aubry. Quand même pas l'ancienne ministre socialiste, pas l'héritière de Pierre Mauroy, pas la fille de Jacques Delors… Mais peut-être l'avais-je surestimée, car la maire de Lille a bel et bien été la première à fouler le sentier dangereux de cette politique du renoncement.

Tout a commencé en 2000, quand son prédécesseur au beffroi avait donné son accord pour qu'une piscine réserve un créneau d'une heure hebdomadaire à un programme de lutte contre l'obésité féminine. Très vite, la dizaine de femmes obèses avait été rejointe par une quarantaine d'autres femmes, qui n'étaient pas obèses, mais musulmanes. À peine les pieds dans l'eau, ces baigneuses avaient exigé que le maître-nageur en charge de cette activité soit une femme, ce qui leur avait également été accordé. Face à cette entorse aux règles de la laïcité, l'opposition municipale s'était mobilisée. Interpellée par la droite lilloise, Martine Aubry avait répondu : « Faisons un petit détour pour que ces femmes gagnent et acquièrent leur émancipation ». Mais loin de favoriser leur émancipation, ce clientélisme communautaire avait toutes les chances de conduire les femmes maghrébines à davantage de servitude à l'ombre des barbus. Il est décidément des « petits détours », qu'il vaut mieux éviter d'imposer aux principes de la République.

Mais Martine Aubry a été mal conseillée par son service juridique. Comme beaucoup de maires, j'ai moi aussi été confronté à ces revendications communautaires liées à des principes religieux. En 2013, une association juive orthodoxe est venue à la mairie réclamer que la piscine accorde un créneau à des femmes que leur religion n'autorisait pas à se baigner en présence des hommes. Je me suis alors renseigné, notamment auprès de la commission Stasi de réflexion sur l'application du principe de laïcité. Elle m'a appris je ne pouvais juridiquement refuser la demande en invoquant l'appartenance religieuse des utilisateurs, puisque l'organisation de bains exclusivement réservés à des femmes de confession juive était l'objet même de cette association. La seule façon de s'en sortir sans déroger aux lois de la laïcité était de louer la piscine — comme n'importe quel équipement, une salle municipale ou un gymnase — en dehors de ses heures d'ouverture. Nous avons donc accordé à l'association des femmes juives orthodoxe la possibilité de louer la piscine municipale le dimanche après-midi, à des heures où la piscine était fermée au public.

Les maires, les communes et leurs municipalités sont la cible de prédilection des islamistes. C'est contre le bloc communal que les musulmans radicalisés vont concentrer les efforts de leur action militante. Avec des constantes obsessionnelles : les piscines plutôt que les patinoires. Pourquoi les piscines ? Parce que la nudité relative de leurs usagers en ferait un lieu de perdition aux yeux des hommes touchés par la beauté du divin. Bizarre... Je n'ai personnellement pas le souvenir que le moindre fait divers sordide, que le moindre attentat à la pudeur ait entaché l'activité d'une piscine municipale, mais peu importe. Je pense surtout que l'idée de la femme occidentale que se fabriquent et que véhiculent ces individus est indigne. Et que nous sommes priés, nous, pays d'accueil, de ne pas être scandalisés — au nom du respect que l'on doit aux différences culturelles — par ces discours injurieux. Nous ne sommes autorisés à nous scandaliser, nous sommes même exhortés à le faire, lorsque les mêmes jugements sont portés par des ultra-conservateurs de la chrétienté.

Donc les piscines. On a encore eu une illustration de cette obsession aquatique l'an dernier à Grenoble. En mai et en juin 2019, quinze à vingt femmes sont venues se baigner en « burkini », une sorte de combinaison à capuche recouverte d'une chasuble. Pour justifier cette démonstration, un discours invitant à défendre « la liberté de se couvrir ou non », à permettre à celles « qui ne sont pas à l'aise avec leur corps » de partager les plaisirs des sports nautiques. Discours ânonné jusqu'à l'écœurement par des « citoyen-e-s » venues soutenir les musulmanes radicalisées. Lesquelles associations militantes, bien sûr, barbotent aussi dans les mouvances de l'ultra-gauche.

Mais pourquoi précisément Grenoble dont le maire, Éric Piolle, dirige une majorité municipale écolo gauchiste ? D'abord parce que toute extrême gauche ne hait rien autant que les autres extrêmes gauches. Je suis loin de connaître tous les plumages de l'islamo-gauchisme grenoblois, mais Éric Piolle, dans cette affaire comme dans d'autres, pourrait bien être la tête de Turc de réseaux anarcho-illuminés. Grenoble est une métropole gangrénée par des courants « anarcho-féministes » que la police soupçonne d'être à l'origine de 6 incendies criminels perpétrés contre des gendarmeries.

L'autre raison du choix de Grenoble est purement islamiste. On n'a certes pas vu de barbus rôder autour de la piscine où batifolaient les musulmanes en « burkini ». Mais s'ils se sont soigneusement tenus à l'écart, ils n'étaient pas loin. Parce que les radicalisés savent que les municipalités très à gauche sont beaucoup plus vulnérables, par exemple, que les majorités de droite. À leurs yeux, Éric Piolle avait toutes les chances de baisser la garde au nom du sacro-saint « respect des différences ». Il ne l'a pas fait. Ajoutons que le maire de Grenoble semble avoir été lâché en rase campagne par le gouvernement. Dans les affaires de ce genre, les élus locaux manquent de repères, de règles de droit. Ils se tournent alors vers les pouvoirs publics qui s'empressent de regarder dans une autre direction. C'est bien entendu ce qui s'est passé à Grenoble. Eric Piolle a demandé au gouvernement de « lever l'ambiguïté » sur le statut de ce « burkini », ce qui était très exactement la question à poser. Question à laquelle Marlène Schiappa, l'ineffable secrétaire d'État à « l'Égalité entre les femmes et les hommes » a répondu en reprochant au maire son « ambiguïté »... Cela ressemble à du Fernand Raynaud.

La désertion de l'État, dans ce genre de situation, est à l'évidence une raison supplémentaire pour tenter de déstabiliser les collectivités territoriales. Les islamistes ont bien compris que la position des conseils municipaux était fragile. S'ils ciblent les communes, s'ils s'en prennent à leurs élus, c'est parce que les maires sont à la portée des attaques déclenchées depuis leurs réseaux. L'État, la région même, sont trop loin de leurs mâchoires. Tout le monde se souvient de cet épisode affligeant qu'une télévision avait trouvé malin d'imposer à Nadjat Vallaud-Belkacem en janvier 2016. Invitée sur le plateau du « Supplément », une émission de Canal +, la ministre de l'Éducation nationale avait eu la (mauvaise) surprise de se retrouver confrontée à un type à grosse barbe, représentant d'une improbable ONG. Était-ce en raison de ses origines que Nadjat Vallaud-Belkacem avait dû endurer ce moment pénible ? Si son malaise était, ce jour-là, bien visible, et d'ailleurs tout à fait légitime, l'islamisme barbu n'avait pas marqué de points. La ministre et, avec elle, la République, qu'elle incarnait sur ce plateau, étaient sorties indemnes du traquenard tendu par la télévision.

En revanche, le maire et ses adjoints sont plus faciles à atteindre parce qu'ils sont visibles, parce qu'ils sont faits de chair et d'os et que les électeurs les rencontrent dans la rue. En conséquence de quoi, les islamistes ont mis au point une stratégie de conquête des communes qu'ils appliquent à peu près systématiquement.

La première étape consiste à s'installer dans le paysage communal. Le plus souvent, cela se passe comme à Sarcelles. Un premier « commando » débarque, une poignée d'individus radicalisés qui vont tenter de prendre le contrôle d'une mosquée pour faire basculer ses habitués ou, à défaut, d'en fonder une à leurs propres couleurs. À Sarcelles, comme on l'a vu (confer chapitre 2), un commando d'islamistes d'origine turque, parachuté depuis Goussainville, une commune voisine, a inversé l'ordre des priorités. Il a d'abord créé une mosquée radicale, que j'ai réussi à fermer, avant de jeter son dévolu sur la mosquée Foi et Unicité, dont il s'est fait virer manu militari, puis de réussir à en détourner une seconde (l'AMIS), celle des Africains.

Lorsqu'ils se sont aperçus que leur commune faisait l'objet d'une tentative d'infiltration, les maires ont le plus souvent réagi comme je l'ai fait moi-même : ils ont contré l'implantation en s'appuyant sur les associations de musulmans qui étaient modérées. Comme on l'a vu, ça n'a pas suffi pour empêcher les salafistes de créer une tête de pont à Sarcelles.

Après la prise des mosquées, qui consiste principalement à se faire identifier par la communauté musulmane, la deuxième étape est plus politique.

Elle consiste à infiltrer les formations politiques traditionnelles à l'échelon municipal. Mais comme les mélenchonnistes ne sont pas verts et comme les socialistes sont différents de la droite libérale, la stratégie d'entrisme n'est jamais identique.

D'une manière générale, les islamistes aiment bien le parti communiste. C'est une cible de choix, dans laquelle on entre comme dans un moulin. Il leur suffit de faire un peu d'agitation propalestinienne pour que les camarades les regardent avec intérêt. Pour reprendre l'exemple de Sarcelles, c'est très exactement ce qu'a fait Koskossi en juillet 2014, sans doute pour tenter de fissurer le bloc municipal, sauf que je contrôlais mes alliés communistes. Alors que dans une ville tenue par « le Parti », il suffit de créer une petite association propalestinienne, d'agiter des drapeaux vert-blanc-noir-rouge et de s'acheter des keffiehs pour que les affidés locaux de Fabien Roussel — l'actuel secrétaire général du PCF, lointain successeur de Georges Marchais — vous fassent les yeux de Chimène.

La fabrique du citoyen d'honneur est une pratique qui marche également très bien pour se faire adouber par le PCF, voire la gauche radicale. C'est ainsi qu'un terroriste palestinien, condamné à 80 ans de prison pour l'assassinat d'un ministre israélien, a été fait citoyen d'honneur de Bezons, commune de l'ancienne ceinture rouge parisienne administrée par des staliniens impénitents. On a même fait de ce Marwan Barghouti un multi-citoyen-d'honneur, qui a successivement été distingué par Villerupt (Meurthe-et-Moselle, PCF), puis Aubervilliers (Seine-Saint-Denis, PCF). Et comme cela marche aussi avec les socialistes déboussolés et des nationalistes corses, ce terroriste condamné à la perpétuité pour cinq meurtres est aussi citoyen d'honneur de Pierrefitte (Seine-Saint-Denis), de Vandœuvre (Meuthe-et-Moselle), ainsi que de trois villages de Corse du Sud.

Le mouvement « boycott, désinvestissement et sanctions » (BDS) est un autre cheval de Troie pour infiltrer les mairies communistes. Cette campagne de refus des produits israéliens, dont l'efficacité reste d'ailleurs à démontrer, exhale souvent de forts relents d'antisémitisme déguisé en antisionisme. Cela ne l'empêche pas d'enthousiasmer de nombreuses personnalités de gauche et d'être soutenue par le PCF, le Front de Gauche, EELV ou encore le NPA de Besancenot.

Ces différentes manœuvres pro-palestiniennes visent essentiellement à se faire accepter par les communistes dans l'espoir qu'ils réserveront un strapontin sur leur liste électorale à un islamiste qui ne dit pas son nom. Et si, par hasard, un maire communiste est lui-même d'origine maghrébine, comme Azzédine Taïbi à Stains (Seine-Saint-Denis), sa commune a toutes les chances d'être assiégée par les réseaux islamistes, de même que par les « jeunes issus de la diversité » dont il était question précédemment (voir chapitre 3).

Mais il arrive qu'aucune de ces stratégies d'infiltration ne soit couronnée de succès. Les islamistes choisiront alors de s'allier avec les adversaires des communistes. Ils peuvent aussi s'inviter sur deux listes opposées. Qu'importe en effet le cheval pourvu que l'on accède au pouvoir… Lorsqu'on regarde de très près certaines municipalités prises au PCF par l'UDI de Jean-Christophe Lagarde, on est surpris de découvrir des élus qui étaient identifiés comme proches de la mouvance islamiste. L'UDI s'est-elle laissée infiltrer, à son insu, en Seine-Saint-Denis et dans le Val-d'Oise, ou a-t-elle plutôt « dealé » avec les salafistes ou les frères musulmans pour virer les communistes ?

Le deal avec les islamistes, c'est très exactement ce qu'a choisi de faire Stéphane De Paoli, le dauphin de Jean-Christophe Lagarde dans la Seine-Saint-Denis, pour emporter Bobigny, la préfecture du département, que les communistes détenaient depuis un siècle. Est-ce seulement par dépit que les camarades l'ont accusé de représenter « une droite qui avance cachée et flirte avec les idées du FN » tout en « instrumentalisant les musulmans » ? Mais voilà ce qu'écrivait *Le Monde* du 31 mars 2014, au lendemain de cette « victoire historique » : « À la tête d'une liste hétéroclite, où "seules quatre ou cinq personnes sont encartées" selon lui, Stéphane De Paoli a réuni de nombreux représentants de la société civile, des associatifs, des parents d'élève ainsi que des membres d'un petit parti communautaire, l'Union des démocrates musulmans français (UDMF), qui lui a permis de mobiliser fortement dans certaines cités. » En réalité, l'UDMF avait l'ambition de monter une liste menée par un certain Kamal

Moumni, avant de renoncer mystérieusement un mois avant le scrutin. Mais finalement, voilà que l'un des siens est présent sur la liste de Stéphane De Paoli. Une fois élu, Hocine Hebbali est même désigné conseiller municipal chargé de l'histoire locale. Il siège deux ans, puis il démissionne sans faire de vagues.

Et qu'est-ce que l'Union des démocrates musulmans français ? Une formation qui revendique son affiliation à une gauche radicale « anti-impérialiste, antisioniste, anticolonialiste ». Pourquoi pas. Sauf que dans la déclaration qu'elle publie au Journal officiel, sa profession de foi est un petit peu différente. L'UDMF souhaite désormais « permettre aux musulmans d'apporter une alternative au sein de la société française ». Une alternative musulmane à la société française, cela veut dire, en termes clairs, que l'UDMF nourrit le projet de transformer la France en un pays islamiste. Voilà qui sont les alliés de Jean-Christophe Lagarde et de ses amis « démocrates » et « indépendants » de l'UDI. « Indépendants » de quoi ? Sûrement pas de l'islam radical...

Pendant très longtemps, le Parti socialiste est resté sourd aux sirènes du salafisme. Ça a commencé à changer en 2014. L'un des éléments fondateurs de ce changement fut le vote à l'Assemblée nationale, le 28 novembre 2014, d'une résolution du PS qui « invitait le gouvernement français à reconnaître l'État de Palestine en vue d'obtenir un règlement définitif du conflit ». Le gouvernement de l'époque, comme le président de la République, étaient socialistes. Qui était à l'initiative de cette résolution ? Principalement Benoit Hamon, alors député de la 11e circonscription des Yvelines, qui inclut le canton de Trappes… Le candidat socialiste qui a obtenu 6,35 % des suffrages à l'élection présidentielle de 2017 a toujours fait preuve d'une indulgence inquiétante, pour ne pas dire plus, à l'égard de l'islam radical, ainsi que le démontre le livre *La communauté* signé en 2018 chez Albin Michel par Raphaëlle Bacqué et Ariane Chemin. En novembre 2014, donc, la motion propalestinienne de Benoit Hamon ne faisait pas l'unanimité. Une dizaine de députés socialistes, dont je faisais partie, a exprimé son désaccord. On ne pouvait pas, a-t-on expliqué à nos camarades de groupe, appeler la France à reconnaître un État palestinien dont les principales composantes politiques, et notamment le Hamas, clamaient leur volonté de « détruire » l'État d'Israël. Nos arguments laissèrent les députés socialistes de marbre. Pourtant, la poignée de récalcitrants était sur la position du Quai d'Orsay, favorable à la création d'un État palestinien, mais seulement après la signature d'accords de paix. Nous estimions inacceptable d'encourager des proclamations terroristes. C'est pourtant ce que ce vote a réussi à faire. Dans les banlieues, les islamistes exultaient.

Depuis, cette volonté de changement qui pousse le PS à faire sa mue s'est encore accélérée. Surtout après que Jean-Christophe Cambadélis a eu quitté la direction du parti, en septembre 2017. Avec Rachid Temal, comme premier secrétaire par intérim, puis Olivier Faure, depuis avril 2018, la philosophie a changé. Pour résumer, les caciques n'ont plus leur place au PS. Les élus locaux des communes populaires doivent céder la place. C'est générationnel. Avec Rachid Temal et Olivier Faure, ce sont les banlieues qui doivent prendre le pouvoir. Le tandem est prêt à pousser n'importe qui, sans se montrer trop regardant, pourvu qu'il représente les quartiers. En d'autres termes, le PS est prêt à soutenir des islamistes et des « jeunes issus de la diversité » dont le projet politique peut se résumer à ces simples mots : « Ôte-toi de là que je m'y mette ».

J'ai eu moi-même la désagréable surprise de le constater. Lors des législatives de 2017, je crois avoir été le seul député de France à avoir dû affronter au deuxième tour un candidat de l'islam politique, en l'occurrence le fondateur du CCIF (Collectif contre l'islamophobie en France). Ce proche des Frères musulmans et de Tariq Ramadan a été soutenu par la gauche radicale — les mélenchonnistes de la « France insoumise » n'ont pas appelé à voter pour l'ami des Frères, mais à me faire battre… – et par une constellation d'individus dont j'ai découvert, au printemps 2018, qu'ils étaient en discussion avec le duo de tête du parti socialiste. Avec qui Rachid Temal et Olivier Faure préparaient-ils l'avenir ? Avec les parlementaires et les élus de terrain ? Pas du tout : avec les jeunes des quartiers proches de ce CCIF. J'ai aussitôt écrit à Rachid Temal et à Olivier Faure pour leur exprimer ma désapprobation. Mais ni Rachid

Temal, ni Olivier Faure ne m'ont répondu. J'ai aussitôt quitté ce PS.

Depuis près de deux ans, le tandem d'Ivry — autrefois, on aurait dit de « la rue de Solférino » — a donné sa confiance à des proches des réseaux islamistes, ou des réseaux de la « diversité », dans les villes de Seine-Saint-Denis ou du Val-d'Oise. À Goussainville, à Gonesse. À Sarcelles, mon successeur à l'hôtel de ville, Patrick Haddad, s'entend aussi avec les islamistes. J'étais encore maire lorsque des musulmans d'obédience turque sont venus me réclamer un terrain pour construire une mosquée. Je ne savais pas qui ils étaient. Je me suis renseigné et j'ai appris qu'ils appartenaient au Millî Görüş, un mouvement islamiste proche de Recep Tayyip Erdogan, le président turc. Je n'ai pas donné suite. Ils sont revenus à la charge auprès de Patrick Haddad. Mais, cette fois, le maire de Sarcelles leur a dit oui. Il leur a même cédé, pour un prix symbolique, un terrain situé à côté de l'église Saint-Pierre-et-Saint-Paul. Qu'est-ce que le maire espère négocier avec des musulmans radicalisés ? Lorsqu'on l'a interpellé sur cette décision, Patrick Haddad a répondu : « François Pupponi avait lancé cette négociation, je me suis contenté de la poursuivre ». De qui se moque-t-on ?

Il fut un temps où les islamistes ont aussi infiltré les Verts. Lorsqu'ils avaient le vent en poupe, dans les années Cohn-Bendit. Je me souviens avoir vu à Garges-lès-Gonesse le représentant local des écolos accompagné de sa femme… qui était voilée de la tête aux pieds. Et puis est arrivée l'éclipse, sous le règne soporifique de Cécile Duflot. Le temps de comprendre que les Verts ne représentaient plus rien, et les islamistes ne se sont plus intéressés à eux. Ils n'ont du coup même pas cherché à infiltrer leur nouvelle formation : EELV. Mais dans cette prairie, le vent est de nouveau en train de tourner. Et il n'est pas interdit de penser que les salafistes et les wahhabites éprouvent un regain d'intérêt pour les écolos de l'ère Jadot.

Au centre et à droite, d'autres maires ont estimé, eux aussi, qu'il était possible de négocier avec les islamistes, à l'image du premier magistrat de Garges-lès-Gonesse, une commune de ma circonscription qui est voisine de Sarcelles. Qu'espérait Maurice Lefèvre en satisfaisant leurs revendications ? Que le Millî Görüş s'engage à lui garantir des relations paisibles avec leurs fidèles. Voilà pourquoi mon collègue divers droite a facilité l'implantation d'un lieu de prière idéologiquement proche de l'islamisme turc, une variante de l'AKP d'Erdogan. Dans la foulée, il a pris dans sa liste municipale des candidats de cette mouvance qui lui ont été proposés par les responsables de la mosquée. Et voilà qu'aujourd'hui, ses colistiers se sont associés à mon adversaire malheureux aux législatives de 2017. L'ami de Tariq Ramadan a rassemblé 34,2 % des voix dans la 8e circonscription du Val-d'Oise, mais il a remporté plus de 50 % des suffrages à Garges-lès-Gonesse. Fort de ce résultat, il n'a pas tardé à annoncer sa candidature dans cette ville pour les municipales de 2020, en association avec les militants locaux du Millî Görüş qui, du moins sur le papier, font toujours partie de la majorité de Maurice Lefèvre.

Autrement dit, cette commune semble vraiment menacée. L'arithmétique électorale n'est en effet pas favorable à la démocratie. Avec ses 42 500 habitants, Garges-lès-Gonesse ne compte que 17 166 citoyens inscrits sur ses listes électorales. À l'échelle nationale, 70 % des habitants de l'Hexagone sont des électeurs potentiels. Si l'on appliquait le même pourcentage à Garges-lès-Gonesse, 13 000 électeurs de plus devraient être inscrits sur les listes de la commune. Lors des dernières municipales, celles de 2014, le dépouillement n'a comptabilisé que 8 617 suffrages exprimés, soit très exactement 50,2 % des inscrits. Si les Gargeois ne se ressaisissent pas, il suffira donc de 4 300 voix, le 22 mars prochain, pour faire de Garges-lès-Gonesse la première commune islamiste de France.

La ville dont Nelly Olin, ancienne ministre déléguée à l'Intégration, à l'Égalité des chances et à la Lutte contre l'exclusion, proche du président Jacques Chirac, a été le maire de 1995 à 2004 va-t-elle devenir la pointe avancée d'un obscur totalitarisme religieux dans cette vieille démocratie laïque si chère à nos cœurs ? Un front républicain que je soutiens s'est constitué avec l'appui de LREM et des Républicains. Mais pas de « la gauche ». Verra-t-on des socialistes négocier avec des islamistes ? J'ai donc écrit à Olivier Faure et à Rachid Temal pour leur demander qui ils avaient l'intention de présenter à Garges-lès-Gonesse. Pour être plus précis, je leur ai demandé si, au second tour de ces municipales, ils avaient l'intention de soutenir localement mon adversaire malheureux des législatives. Ils ne m'ont pas répondu. Les courageux Olivier Faure et Rachid Temal sont restés silencieux. Il faudra donc attendre mars 2020 pour savoir si le Parti socialiste de Jean Jaurès et de Léon Blum va *de facto* se transformer en parti islamiste. La section française de l'internationale socialiste va-t-elle bientôt se voiler ?

Jusqu'à présent, la République en Marche et les Républicains sont restés intransigeants. Ce sont les seuls partis à rester déterminés face à l'offensive sournoise de l'islam radical. Certes, avec le Rassemblement national. Mais on n'imagine pas les salafistes tenter d'infiltrer le parti de Marine Le Pen. À quelque chose malheur est bon… Mais « les marcheurs » ont dû régler plusieurs cas d'entrisme. L'une d'entre elles a été dénoncée sur les réseaux sociaux par Céline Pina, l'ancienne conseillère régionale socialiste d'Ile-de-France, chroniqueuse et essayiste, partie en guerre contre l'islam radical. Elle visait Mohamed Saou, professeur d'histoire et géographie originaire de Goussainville, dans le Val-d'Oise. Adhérent de la première heure à LREM, il en était même devenu le « référent » dans ce département, c'est-à-dire l'équivalent d'un secrétaire fédéral dans la plupart des autres partis. Qui est Mohamed Saou ? Un petit soldat appartenant à une nébuleuse islamiste désireuse de s'enraciner dans le parti du président ? Il s'en défend. Un type aux idées pas très républicaines et pas très nettes sur les questions liées à l'islam ?

Toujours est-il que Céline Pina a exhumé des posts publiés sur Facebook par le leader macroniste qui sont tout à fait explicites. Mohamed Saou a partagé des publications sur le même réseau de Marwan Muhammad, le porte-parole du Collectif contre l'islamophobie en France (CCIF) dont je rappelle que le fondateur est mon adversaire malheureux. Mohamed Saou a également applaudi Recep Tayyip Erdogan quand il a emprisonné des milliers d'opposants politiques qu'il accusait d'avoir soutenu le prétendu putsch de l'été 2016. Il est clair qu'avec des convictions pareilles, Mohamed Saou n'avait pas grand-chose à voir avec LREM. Lors du débat télévisé de l'entre deux tours qui l'opposait à Emmanuel Macron, Marine Le Pen, à qui cet épisode n'avait pas échappé, en a fait le reproche au futur Président : « Vous avez un proche qui est issu des réseaux islamistes », a lancé la présidente du Front national à son adversaire. Que s'est-il ensuite passé ? Mohamed Saou a démissionné de ses fonctions au sein du parti présidentiel, en expliquant être fatigué de toutes ces attaques contre lui. Autrement dit LREM l'a débranché.

Les Républicains, il faut le reconnaître, ont été vigilants. J'ai toujours combattu leur politique — en tant qu'adversaires, pas qu'ennemis — mais je dois reconnaître que face à l'islam radical, nous avons des points de convergence. Les Républicains ont récemment déclaré qu'il fallait combattre l'islamisme comme nos aînés avaient combattu le nazisme. Je pense moi aussi que cette idéologie doit être assimilée à un totalitarisme. Personnellement, je ne serai pas de ceux qui auront fermé les yeux, comme l'a fait la classe politique allemande, dans les années 1930, quand la bête immonde s'est dressée sur ses pattes.

Après s'être installés dans le paysage local, grâce à l'implantation de mosquées radicales, après avoir infiltré les listes de leur choix, que vont faire les islamistes ? Ils vont s'impliquer dans la campagne électorale bien sûr, aller inlassablement frapper aux portes pour mobiliser les électeurs dans les cités, puis s'installer, une fois élus, dans les conseils municipaux, où ils feront patte de velours. Pas de polémique, pas de radicalité trop apparente. Alliés à des partis traditionnels, les élus de l'islam seront exemplaires, ils vont faire profil bas et attendre. Attendre 2017, où ils seront, espèrent-ils, en position de force pour emporter des mairies. Allez voir la page Facebook de Mohamed Hakkou, 10e adjoint au maire socialiste de Gonesse, délégué à la culture. Pas un mot plus haut que l'autre, pas un propos dérangeant. Rasé de près, toujours tiré à quatre épingles, Mohamed Hakkou est parfaitement lisse. Il s'est lâché une seule fois, c'était contre Élisabeth Guigou, lorsqu'aux législatives de juin 2017, l'ancienne ministre socialiste s'était voilée pour venir faire campagne à la mosquée de Pantin, dans la Seine-Saint-Denis. Ah, et puis si, bien sûr : mon camarade socialiste Mohamed Hakkou n'a pas manqué de soutenir, toujours en 2017, mon adversaire islamiste aux législatives...

Un député socialiste, candidat à sa réélection avec l'investiture de ce parti, peut espérer un minimum de loyauté de la part d'un adjoint au maire élu sur une liste socialiste. Au premier tour de cette législative, j'avais contre moi 14 candidats à la députation. L'un d'entre eux, vaguement étiqueté « écologiste », était un candidat « de la diversité » nommé Farid Saidani. Mais qui donc était le mandataire financier de ce Farid Saidani qui a rassemblé sur son nom 90 électeurs soit 0,53 % des suffrages ? Mohamed Hakkou, bien sûr.

Et ce n'est pas tout, car au cours de la même campagne, je me rends à Gonesse où les Assyro-Chaldéens ont organisé une réunion publique. La question de la présence au scrutin du Parti égalité et justice, l'antenne française de l'AKP du président turc Recep Tayyip Erdogan, est posée. Une personne demande en effet si une candidature présentée par un parti étranger et soutenue par un président étranger a légitimement sa place dans un scrutin français. S'il ne s'agit pas plutôt d'une ingérence dans les affaires intérieures de la France. Je prends alors la parole en expliquant pourquoi Aysenur Catakli, la femme voilée présentée par Erdogan, ne me semble pas défendre les valeurs de la France, qui sont celles d'une république laïque. Sitôt la fin de mon intervention, l'un de mes amis s'approche de moi et me glisse : « Tu devrais faire attention, parce que Mohamed Hakkou t'a filmé avec son téléphone portable, et je me demande bien pourquoi... » Deux jours plus tard, il avait la réponse à sa question. Mon adversaire islamiste avait en effet mis cette vidéo en ligne : elle tournait sur le site Internet de toutes les mosquées de ma circonscription.

Chapitre 6

L'ISLAMO-GAUCHISME, ENTRE MARX ET MAHOMET

J'avoue ne pas bien comprendre la fascination qu'éprouve l'extrême gauche pour l'islam le plus radical. Je croyais assez naïvement que cette « gauche » était farouchement matérialiste et hostile au divin considéré comme un idéalisme bourgeois. Il faut penser que les auteurs du *Marxisme pour les nuls* et du *Léninisme pour les débutants* se sont trompés. Et sans doute aussi le Karl Marx de la *Critique de la philosophie du droit de Hegel* comme le Lénine de *De l'attitude du parti ouvrier à l'égard de la religion*. Mais rassurez-vous : les camarades ne sont pas près de s'enflammer pour l'intégrisme catholique et les soutanes de Mgr Lefèbvre. En revanche, nos fiers bouffeurs de curés, nos inusables pourfendeurs de l'« opium du peuple » en pincent sérieusement pour les fous d'Allah. Après avoir découvert les lendemains qui chantent à la lecture du Capital, les voilà qui ont trouvé leur rédemption dans les pages du Coran.

Une idéologie de gauche responsable de la mort violente de 100 millions d'hommes et de femmes au siècle dernier vient de se marier avec une idéologie totalitaire à prétention religieuse qui met le Moyen-Orient à feu et à sang, et assassine au passage des centaines de milliers de musulmans. Le fruit de cette union s'appelle l'islamo-gauchisme. Cette doctrine

— si on peut qualifier ainsi un rapprochement contre nature — trouverait ses origines, très curieusement, dans une stratégie électorale proposée par Terra Nova, un laboratoire d'idées lié à la gauche modérée, qui a publié un essai intitulé *La Gauche et la préférence immigrée* (Plon, 2011). Pour résumer, le « think tank » proposait aux partis de gauche de changer de base électorale en raison de la disparition progressive des ouvriers en tant que catégorie socioprofessionnelle et du basculement de nombre d'entre eux à l'extrême droite. Pour les remplacer, la gauche devait désormais s'adresser aux immigrés qui étaient les prolétaires des temps modernes, en respectant leur foi religieuse puisque c'était l'idéologie des opprimés.

En aucun cas, Terra Nova ne proposait pour autant d'adhérer aux dogmes et aux traditions de l'islam radical. C'est pourtant ce que font les intégristes de la gauche. Qui se souvient des interminables débats qui ont accompagné, il y a plus d'un demi-siècle, l'apparition sur la scène politique des chrétiens de gauche ? Le parti communiste se demandait alors s'il était acceptable de s'allier à de pareils calotins. Et pourtant, « les cathos de gauche » de ces temps reculés étaient loin de porter leur croix en sautoir. Mais aujourd'hui les marxistes revendiqués, les léninistes autoproclamés, les trotskistes avérés et les staliniens incontestés n'ont plus ce genre de pudeur avec le divin : pas plus l'obligation du voile, que la proclamation de l'infériorité de la femme, ou la condamnation de l'apostasie, voire la revendication de la charia ne semble les gêner aux entournures. C'est à se demander, avec Houellebecq, si la France insoumise ne s'est pas soumise au « prophète ». C'est à croire que les adorateurs de Marx et d'Engels ont simplement changé de barbus.

La polémique lancée l'été 2019 contre le philosophe officiel de la France insoumise souligne à gros traits ce changement de cap. Lors de l'université d'été de cette formation politique, Henri Peña-Ruiz prononce ces quelques mots dans une allocution : « Il n'est pas raciste de s'en prendre à une religion, mais il est raciste de s'en prendre à une personne du fait de sa religion. » Et il enfonce le clou : « On a le droit, disait le regretté Charb, mon ami Stéphane Charbonnier, assassiné par les frères Kouachi en janvier 2015, on a le droit d'être "athéophobe" comme on a le droit d'être islamophobe. » Aussitôt, les ayatollahs du parti commencent à instruire son procès en sorcellerie. On sort les sept derniers mots de leur contexte et on ratiocine sur l'islamophobie, en disant que ce concept ne désigne pas « une aversion très vive ou une peur instinctive de l'islam », comme le suggère l'étymologie, mais une haine à l'égard des Maghrébins.

Il est pourtant évident qu'il n'y a aucune ambiguïté dans les propos d'Henri Peña-Ruiz. Alors qu'est-ce que cela veut dire ? Cela signifie-t-il, comme semble le révéler la polémique, qu'aux yeux des mollahs du mélenchonnisme, on n'a plus le droit de détester la religion musulmane ? Sans doute. Voilà que les champions des luttes prolétariennes se sont rhabillés en censeurs de l'Église. Je ne peux m'empêcher de penser que s'ils avaient été au pouvoir, les choses auraient sûrement mal tourné pour leur philosophe officiel.

La geste fondatrice la plus emblématique de l'islamo-gauchisme est peut-être l'affaire du Bondy Blog. L'histoire commence en 2011 dans cette ville du nord-est de Paris. Elle met en scène un jeune homme extrêmement talentueux, Medhi Meklat, lequel signe avec son ami Badroudine Saïd Abdallah des chroniques sur la vie en banlieue qui sont publiées par le média en ligne bondynois. Medhi Meklat est également chroniqueur radio, vidéaste et écrivain. En 2015, toujours avec son ami, il cosigne aux éditions du Seuil *Burn out*, un roman particulièrement brillant. Seulement voilà, Medhi Meklat se met aussi à déraper.

Quatre années durant, il publie des tweets racistes, antisémites, homophobes et misogynes sous le pseudonyme de Marcelin Deschamps. Il écrit, enfin Deschamps écrit, à propos de la journaliste Natacha Polony, qu'il ferait bien de cette « grosse pute » son « mouton de l'Aïd-el-Kébir », autrement dit qu'il l'égorgerait volontiers. Et parce que cette pratique, chez Deschamps, est un peu obsessionnelle, son cothurne écrit en 2013 sous le même pseudo, qu'il regrette de ne pas pouvoir égorger tous les moutons qui vont voter pour Nicolas Sarkozy à l'élection présidentielle de 2014. Deschamps se félicite aussi que « sans les Arabes, nous n'aurions pas eu Mohammed Merah » s'écrie « qu'ils crèvent » à propos des journalistes de *Charlie Hebdo* et appelle enfin à « faire entrer Hitler pour tuer les Juifs ». Etc.

Medhi Meklat se justifie tout en se prétendant « victime de la fachosphère », explique que Marcelin Deschamps était un personnage fictif, qu'il en avait volontairement fait un raciste et un antisémite, affirme que ses tweets passés désormais l'horrifient, présente ses excuses et publie « Autopsie » chez Grasset, où il « implore à nouveau le pardon ». On en pense ce qu'on veut. À l'opposé, les islamo-gauchistes se déchaînent, minimisent, défendent, n'en démordent pas, soutiennent, justifient avec l'aveuglement qui caractérise les pensées totalitaires. *Libération* et *Mediapart* reprennent l'antienne de la « fachosphère ». Les radios du service public font chorus. L'affaire enflamme la presse pendant des mois, voire des années. *Le Monde, Les Inrockuptibles, Télérama, Marianne, Le Nouvel Observateur, L'Humanité, Le Figaro, Le Point, L'Express, Charlie Hebdo, Valeurs Actuelles, Atlantico, Causeurs, Europe 1,* et même le *New York Times* décortiquent et commentent les tweets de Medhi Meklat. Les uns pour défendre et soutenir le blogueur, les autres pour le dénoncer.

Le décor est planté. Désormais les choses sont claires : nos concitoyens qui ne sont ni de confession musulmane, ni des personnes de couleur — il paraît qu'il faut dire des « racisés » —, ni des électeurs de l'extrême gauche sont des moutons. Des ovins qu'il convient donc d'égorger, conformément aux traditions coraniques. Ah non, on ne les égorge pas ? C'était une blague ? Dans la masse de ces populations modestes, et pour certaines encore très pauvres, qui vivent dans ma banlieue nord, qui habitent ma commune, il faut trier le bon grain de l'ivraie. Mais rassurons-nous : les islamistes et les « jeunes issus de la diversité », épaulés par les « révolutionnaires professionnels », vont s'en charger. Celui-ci est bon, celui-là ne l'est pas. Le tri. Ça rappelle évidemment quelque chose... À force d'expliquer que toute personne blanche de peau est nécessairement raciste, que tout non-musulman est un mécréant et que quiconque ne partage pas les délires mélenchonnistes est un « facho », on installe un climat de guerre civile dans les banlieues populaires.

Face à ces Talibans du neuf-trois et du neuf-cinq, face à ces « révolutionnaires » en peau de lapin, qui vouent depuis des lustres un culte à la violence politique, n'hésitant jamais à glorifier la terreur de Robespierre ou celle de Lénine, les populations sont éberluées, et les élus désemparés. Comment calmer ces surexcités à défaut de les ramener à la raison ? Comment reconstruire trois ans après l'explosion du paysage politique consécutive à l'élection d'Emmanuel Macron ? Les majorités politiques d'antan se sont délitées, la droite en lambeaux essaie de recoller les morceaux et ce qui reste du parti socialiste, auquel j'ai appartenu, ne sait pas dans quel camp basculer.

L'islamo-gauchisme est-il venu prêter main-forte aux islamistes de Sarcelles ? Cela ne fait aucun doute. J'ai relevé trois types d'interventions. D'abord un soutien politique direct lors des législatives de 2017. À l'issue du premier tour, Samy Debah, candidat islamiste pudiquement étiqueté « divers », est arrivé en seconde position avec 2 352 voix, soit 300 suffrages de plus que la candidate de la France insoumise. Je me souvenais vaguement de cette Pamela Hocini, enfin je connaissais surtout son père, un vieux militant du Parti communiste, où la fille avait aussi été encartée, quelques années auparavant. Je l'appelle donc pour lui demander de me soutenir, conformément aux traditions de la gauche républicaine, ce qu'elle refuse, « non, non, on ne trouvera pas d'accord, je ne te soutiendrai pas ». Et Pamela Hocini de publier un communiqué appelant à me faire battre, en clair à voter pour le candidat islamiste.

Quelques jours avant le second tour, une indiscrétion m'apprend que des représentants de la France insoumise ont participé à une réunion organisée par les partisans de Samy Debah à Garges-lès-Gonesse, en vue de l'organisation des bureaux de vote. Les deux candidats à une élection doivent désigner une personne dans chaque bureau de vote qui sera au moins assesseur. Mais le dimanche 18 juin 2017, jour du second tour, le président d'un bureau de vote de Sarcelles m'appelle — en tant que maire de la commune, j'étais président du bureau de vote central — pour m'informer que la candidate proposée par les islamistes ne s'est pas présentée. On ne peut donc pas ouvrir le bureau de vote. Que prévoit la loi en pareil cas ? Que le premier électeur à se présenter est réquisitionné comme assesseur, et que s'il s'en présente deux, on prend le plus âgé.

Je me rends illico au bureau de vote en question. En arrivant, je tombe sur un Samy Debah, déjà sur place et agressif. Je lui dis : « Pas de problème M. Debah, on va faire ce que dit la loi. » Et à ce moment-là, je m'aperçois qu'il est venu accompagné. Et qui l'accompagne ? Pierre Renouf, membre de la France insoumise et assesseur de Pamela Hocini au premier tour…

La deuxième vague d'intervention islamo-gauchiste est passée par les journaux. Un article ici, un article là, insidieusement, c'est une vraie campagne de presse qui a été montée contre moi. Parfois aussi, elle a pris la forme d'une glorification de mes adversaires. J'ignorais que l'on pouvait écrire un papier avec un encensoir dans une main et une brosse à reluire dans l'autre. Eh bien, maintenant, je n'ai plus de doute.

En juin 2015, *Le Monde* publie contre moi un article entièrement à charge. Un article où il est dit que je ne fais rien pour la culture : « À Sarcelles, la rénovation urbaine oublie la culture ». Avec le sous-titre, on commence tout de suite à mieux comprendre ce qui se cache derrière tout cela : « Des militants associatifs réclament la réouverture du cinéma et des lieux culturels dans le Grand Ensemble. » J'ai déjà deviné d'où est parti le coup et qui sont les fameux « militants associatifs ». *Le Monde* nous explique que le cinéma est fermé depuis une quinzaine d'années. Ben oui, il a été détruit par une succession d'inondations catastrophiques. Et comme la gestion d'une salle de cinéma n'est pas la priorité d'une ville qui se débat dans d'interminables difficultés financières, j'ai préféré négocier avec la compagnie CGR pour ouvrir un multiplexe dans le centre commercial My Place. À l'époque de l'article du *Monde*, ces dix salles étaient en construction.

Le quotidien du soir me reproche aussi la fermeture du Forum des Cholettes qui est la salle de spectacle historique du Grand Ensemble. J'assume aussi. Qu'aurait écrit ce journal si j'avais prolongé l'activité d'une salle bourrée d'amiante ? Comme j'ai le souci de protéger mes administrés contre les risques sanitaires, j'ai fermé les Cholettes. On dit aussi, comme si j'avais fait appel au diable, que le groupe Bouygues va réaliser une opération immobilière à l'emplacement de cette salle. Ben oui, c'est Bouygues qui a remporté l'appel d'offres. Alors, tant que la presse ne nous dira pas quels groupes de BTP elle autorise à construire des immeubles à Sarcelles, je continuerai à faire confiance aux constructeurs qui remportent les appels d'offres.

Le Monde me reproche aussi de n'avoir pas restauré la bibliothèque municipale qui, j'en conviens, aurait besoin de quelques travaux. Seulement voilà, le journal a soigneusement voulu ignorer que la lecture publique n'était plus une compétence communale, mais intercommunale. La bibliothèque relevait, à l'époque, de la responsabilité de Didier Vaillant, le maire de Villiers-le-Bel, qui était aussi président de la communauté d'agglomération Val de France. Nonobstant, j'ai obtenu de cette collectivité qu'elle triple la superficie (de 600 à 1 800 m^2) de la bibliothèque pour en faire une médiathèque, en récupérant des locaux vides dans le bâtiment adjacent. L'article — parangon d'objectivité — n'en a évidemment pas dit un mot. J'ai par ailleurs tenté d'expliquer au *Monde* qu'administrer une ville, c'était choisir. J'avais un budget d'investissement de 7 millions par an : avec mon équipe municipale, nous avons préféré en consacrer la quasi-totalité à la rénovation de toutes les écoles publiques de notre ville. Et je suis fier d'une décision faisant en sorte que Sarcelles dispose d'établissements scolaires parmi les plus beaux et les plus fonctionnels de France.

Ce festival aurait été incomplet s'il n'avait aussi mobilisé quelques accusateurs. Oh, ils ont été soigneusement choisis, et leurs témoignages furent si accablants que je me suis demandé, face à cette unanimité, comment j'avais pu me faire réélire, l'année précédente, avec 63,13 % des voix dès le premier tour. Mais voyons un peu ces témoins. Il y a d'abord cet « opposant » local, héraut des jeunes des quartiers, qui m'accable de reproches tous plus ineptes les uns que les autres. Des reproches faciles à démonter, ce que j'ai fait devant la journaliste, mais le journal du soir n'a retenu que les propos de l'opposant des quartiers, tellement plus dans l'air du temps que le maire, et n'a retenu aucun de mes arguments. Drôle d'objectivité. Les autres témoins ? Dérisoires. Un groupe de rap, dont chacun connaît les engagements politiques et Didier Arnal, un bon camarade qui ne manque jamais une occasion de me flinguer depuis que Dominique Strauss-Kahn m'a désigné, à son grand dépit, pour lui succéder dans son fauteuil de maire.

Les mêmes arguments sont développés dans le documentaire *Sarcellopolis*, réalisé par Sébastien Daycard-Heid et Bertrand Dévé. Il y a des images splendides et de très bonnes choses dans ce film, mais pourquoi me rendre encore une fois responsable de la fermeture du Cinéma et du Forum des Cholettes, pourquoi surtout faire de moi le fossoyeur de la « culture sarcelloise » — le rap et le hip-hop — comme si toute la culture devait se résumer à ces deux expressions ? J'ai pourtant créé l'Orchestre symphonique de Sarcelles, avec le soutien de musiciens locaux et de professeurs au conservatoire. L'orchestre est un vrai succès qui véhicule une image positive de notre ville. Il s'est produit jusqu'à Séoul, en Corée du Sud, et a constamment le souci de faire connaître l'œuvre merveilleuse et délicate de Mélanie Bonis, dite Mel Bonis, une compositrice contemporaine — cela s'entend — de Claude Debussy, qui est morte à Sarcelles en 1937. Je comprends bien qu'aux oreilles de Sébastien Daycard-Heid, de Bertrand Dévé, les duettistes de Sarcellopolis, ce genre musical est très inférieur au rap. Mais ils comprendront qu'un élu doive se préoccuper de tous les genres musicaux, même des genres mineurs.

Béotien ? Peut-être bien. Mais pourquoi faire aussi de moi l'instigateur d'un communautarisme sur une base religieuse, voire d'une forme d'« apartheid », alors que je ne cesse de combattre ce fléau anti-républicain et en particulier — les réalisateurs ne l'ont-ils pas remarqué ? – le cancer islamiste sous toutes ses formes. Tout simplement parce que les réalisateurs donnent largement la parole à mes opposants islamo-gauchistes ainsi qu'à leur avocat Arié Alimi. N'y a-t-il pas d'autre expression politique à Sarcelles ? Je rappelle que c'est la droite républicaine qui était en seconde position aux élections municipales de 2014, de 2008 et de 2001, pas l'ultra-gauche proche de « Nuit debout », ni les mollahs verts entourant Cécile Duflot. Il faut dire que le conjoint, à la ville, de l'ancienne pasionaria de la chlorophylle est un drôle de pistolet. Défenseur presque exclusif des pires zigotos de l'ultra-gauche, dont les cinglés qui avaient incendié, en mai 2016, une voiture de police avec des agents à bord…

En août 2017, c'est au tour du *Monde diplomatique* de s'en prendre à moi. Le mensuel d'extrême gauche titre sobrement son papier : « À Sarcelles, un maire contre ses administrés » – je rappelle qu'aux élections législatives deux mois avant la publication de cet article, j'ai réalisé un score de 78,73 % dans la commune de Sarcelles, ce qui prouve que mes administrés, « contre qui » je suis, ne sont pas rancuniers. Sous ce titre suit un article sur la musique du « tous pourris sauf l'extrême gauche » qu'affectionne tellement le média bolivarien. Un papier d'une confondante bêtise politique, de ceux qu'applaudissent les gogos habitués aux manifs calicot merguez, et tout à la fois un réquisitoire digne des procès de Moscou.

Cela commence comme ça : à Saint-Denis, voilà qu'à l'ombre de la basilique, un « collectif » projette un film qui met en scène un potentat municipal, costume sombre, lunettes noires et les poches gonflées de grosses coupures pour acheter ses clientèles électorales. Après la projection, applaudie aussi frénétiquement qu'il se doit, quelqu'un à côté de nous, écrit *Le Monde*, nous dit : « Viens chez moi, à Sarcelles, c'est comme dans le film ! » Autrement dit, le Baron noir, c'est moi. Voilà donc le *Diplo* dans le RER. À peine arrivé sur place, qui rencontre-t-il ? Qui se trouve là, opportunément ? Mes opposants de l'ultra-gauche, ça va de soi. Après le panégyrique d'usage, on apprend que ces braves garçons présentent au *Monde diplomatique* un citoyen anonyme qui va lui expliquer mes pratiques mafieuses.

L'anonyme bientôt rejoint par « de jeunes Sarcellois » tout aussi anonymes prétend que j'attribue « des logements à mes fidèles, des postes municipaux à mes rabatteurs de voix » et des subventions à « des communautés religieuses » qui sont « choyées » – ce n'est pas précisé, mais moi je vous le dis : c'est les Juifs. Des faits précis, des exemples, des preuves de ces malversations qui seraient d'ailleurs susceptibles d'intéresser la justice ? Que nenni. Ces accusations extrêmement graves sont proférées par des anonymes – ils me connaissent, eux, n'est-ce pas ? On ne peut pas mettre leur parole en doute – sous l'œil attendri d'un modèle d'objectivité journalistique. Que vous faut-il de plus ? *Le Monde diplomatique* poursuit sa démonstration par des généralités, mais le lecteur comprend illico que c'est toujours de moi qu'il s'agit : « Les collectivités locales disposent de la capacité d'attribuer des logements sociaux et recrutent les agents de la fonction publique territoriale. Sans compter que, dans les quartiers populaires, elles bénéficient des fonds de la politique de la ville, évalués à 411 millions d'euros cette année et dont les modalités de répartition sont souvent fixées par les mairies. » Autrement dit, je distribue 400 millions d'argent du contribuable à mes partisans. Des grosses liasses dans les poches, le Baron noir, je vous l'avais bien dit…

Un peu plus loin, *Le Monde* change de héros. Cette fois, le type formidable c'est Samy Debah, mon adversaire islamiste aux législatives. Quelqu'un d'épatant, qui ne songe qu'à faire le bien autour de lui, à l'école, dans l'entreprise, à l'hôpital, et même dans les commissariats de police. À la mosquée aussi ? « Dans son discours, il est difficile d'identifier, à la suite de M. Pupponi, un quelconque "réseau islamiste" », nous rassure le mensuel. Deux paragraphes en pleine islamosphère plus loin, voilà qu'on nous ressort Henry Canacos, 89 ans à l'époque de l'article, et maire communiste de Sarcelles jusqu'en 1983. Je le connais bien : mon père, qui était socialiste avait été son adjoint à la mairie. L'été, il venait prendre l'apéritif à Sainte-Lucie-de-Tallano, dans notre maison familiale, parfois accompagné de Georges Marchais. Mais que diable Henry vient-il faire dans cet article de galère ? « Notre phare c'était l'URSS », se souvient M. Henry Canacos. Nous voilà repartis pour vingt lignes à la gloire de l'URSS et du communisme, ce qui prouve que *Le Monde diplo* n'oublie jamais ses fondamentaux. Pourtant il s'arrête avant l'éloge de Fidel Castro et de Leonid Brejnev. Car voilà la chute sur l'air de *Goodbye Lenine* : c'était tellement mieux au temps du communisme. Et un témoin privilégié de cette époque bénie d'appeler sa mère au téléphone : « Hein, maman, c'était mieux ? » Et maman de confirmer. Henry Canacos n'a été ressuscité que pour célébrer le mariage de la faucille et du croissant. On baigne en plein islamo-gauchisme.

Ce monument de bêtise serait seulement affligeant s'il n'y avait bien sûr les accusations diffamatoires. Car convoquer des anonymes pour m'accuser sans le moindre élément de preuve de graisser la patte de mes électeurs avec de l'argent public, c'est évidemment digne des pires méthodes staliniennes. J'ai pensé porter plainte, et puis non. J'ai renoncé quand, deux mois après ce papier, l'auteur de ce chef-d'œuvre du journalisme a publié un livre dans lequel il raconte sa psychose maniaco-dépressive, ses crises de folie, ses internements en hôpital psychiatrique…

Si encore *Le Monde* était le seul organe de presse à s'en prendre inlassablement à moi… Mais il y a aussi *Le Parisien*. Je ne sais pas pour le reste du Val-d'Oise, mais quand il s'agit de Sarcelles, ce journal me semble toujours favorable à l'extrême gauche et à l'islam radical, deux penchants qu'en effet je ne cultive pas. Glorification systématique de mes adversaires islamistes et d'extrême gauche ; coups de griffes permanents contre moi, articles à charge. Même les « papiers d'été », ceux que l'on aurait plaisir à lire pendant la trêve des plagistes, me sont hostiles. En août 2017, sous le titre « Avec Sarcelles, c'est d'abord une histoire de cœur » et le sous-titre « Plusieurs Sarcellois nous expliquent pourquoi ils ont cette ville si particulière dans le sang », *Le Parisien* publie 5 portraits de mes administrés de cœur. Parmi eux, l'inévitable Nabil Koskossi, une proche, qui anime contre moi un blog politique de gauche radicale, et une dame âgée qui peste contre mon « clientélisme » et mon « communautarisme » – toujours le Baron noir.

Peut-être que les 782 électeurs de Koskossi, électeurs d'extrême gauche, sont satisfaits d'avoir des nouvelles aussi régulières de leurs héros préférés, qui ne semblent pas pouvoir mettre le nez dehors sans que la journaliste du *Parisien* soit sur leurs basques. Moi qui suis député et maire depuis vingt-deux ans, constamment réélu avec des scores parfois presque brejneviens, je n'ai jamais eu l'honneur de bénéficier d'un pareil traitement de la part du quotidien francilien. Et surtout d'un suivi aussi bienveillant.

Mais il y a pire. Le 13 juin 2017, lors de la campagne pour les élections législatives, Bernard Cazeneuve, qui n'est plus Premier ministre depuis un mois, vient me soutenir à Sarcelles. Le lendemain, le compte rendu qu'en fait *Le Parisien* me surprend. On peut en effet lire la phrase suivante : « Les deux hommes appellent à "faire un front républicain face à un candidat communautaire et salafiste", insistent-ils tour à tour. » Le front républicain, oui je me souviens d'en avoir parlé. Mais la qualification de « communautaire et salafiste » à propos de Samy Debah, non. En vieux routiers de la politique, tant Bernard Cazeneuve que moi évitons toujours de qualifier de quoi que ce soit nos adversaires. J'appelle l'ancien Premier ministre : « Tu te souviens d'avoir dit cela ? » « Non », me répond-il. Eh bien, moi non plus. Par la suite on appellera les télés, les radios. Aucune n'a gardé la trace de ces déclarations.

Nous n'y prêtons pas plus d'attention, mais voilà que quelques semaines plus tard, mon adversaire du Collectif contre l'islamophobie en France nous attaque en justice, Bernard et moi, pour « injures publiques ». À cause de ces deux qualificatifs. La coïncidence entre la phrase rapportée entre guillemets et le dépôt de la plainte nous surprend tout de même un peu. Les poursuites qui sont engagées ne peuvent l'être que sur la seule foi des propos relevés par la journaliste du Parisien. C'est la parole de Maïram Guissé contre celle de Bernard Cazeneuve, le ministre de l'Intérieur qui a dû répondre aux attentats du Bataclan. Mais qui est donc cette femme qui me harcèle sans répit depuis toutes ces années ? Quels sont ses tropismes ? L'islam, bien sûr, celui de Samy Debah, mais parfois aussi l'islam éclairé, celui qui est dans la République. Et puis la gauche radicale, inévitablement.

Après les soutiens électoraux et les campagnes de presse, les condamnations. Parce que les islamo-gauchistes, qui sont prompts à dégainer leur indignation, aiment bien condamner. Ils s'indignent par exemple à propos d'une résolution contre l'antisémitisme que je soutiens avec plusieurs députés. En juin 2019, nous avons écrit au Premier ministre pour lui demander de mettre à l'ordre du jour l'examen d'une résolution contre l'antisionisme et la haine d'Israël, qui nous semblent deux formes modernes d'antisémitisme, en faisant symboliquement coïncider ces débats avec la commémoration mi-juillet de la Rafle du Vél' d'Hiv. Il n'en fallait pas plus pour déchaîner l'islamosphère contre « le caractère profondément dangereux d'une telle résolution », présentée par des « députés pro-israéliens ». Colère partagée par Michèle Victory, une collègue socialiste, qui « très agacée » se proposait de se « rapprocher du groupe d'amitié France-Palestine », autrement dit de me dénoncer à ces gens-là.

Le 3 décembre 2019, l'Assemblée doit débattre de l'adoption, à la suite d'une décision du Conseil de l'Europe, d'une définition de l'antisémitisme utilisée par l'Alliance internationale pour la mémoire de l'Holocauste qui permet de le désigner le plus précisément possible sous ses aspects contemporains. Il est bien sûr question d'assimiler l'« antisionisme » à un antisémitisme. La gauche islamiste dans son ensemble y est bien sûr opposée et l'on a droit à un tir de barrage médiatique, auquel participent, sans surprise, *Libération, Le Monde, Mediapart,* ou encore France-Palestine et le MRAP sur leurs sites. Le groupe socialiste vote contre, à la suite des autres députés « de gauche », la majorité elle-même est tiraillée : et quand bien même cette résolution sur l'antisionisme a été présentée par LREM, il est nécessaire de « conseiller » à plusieurs de ses députés de s'abstenir d'assister à la séance pour obtenir un vote positif. Le résultat n'est pas glorieux : seuls 154 députés ont voté « pour », tandis que 72 autres votaient « contre » et que 43 s'abstenaient. Ce vote marque la vraie rupture entre les Français décidés à se battre contre l'antisémitisme et ceux qui ne veulent plus s'opposer aux islamistes et à leurs menées. À l'Assemblée, ce sont principalement les députés de droite et une partie de leurs collègues macronistes. J'ai mis en ligne, sur mon compte Facebook, la vidéo de mon intervention, ce mardi 3 décembre, à la tribune de l'Assemblée nationale. Citant les noms de toutes les victimes, ceux de Jonathan Sandler et ses deux enfants, de Mireille Knoll, d'Ilan Halimi et Yoan Cohen, j'ai rappelé que « onze Français de confession juive tués en France parce que juifs entre 2006 et 2018 » (...) « tués par d'autres Français, pour la plupart soumis à l'idéologie islamiste ». Aucune personne d'une autre confession n'a fort heureusement été assassinée, au cours de la même période, en raison de sa religion. Mais onze Juifs. Le temps est venu, pour la France, de s'opposer à cette nouvelle vague d'antisémitisme. Si la gauche a dit « non », ma page Facebook a été consultée par plus de 20 000 internautes.

Sommes-nous dans un pays qui a perdu toute cohérence ? Si l'on se souvient du débat, en juillet 2019, autour du projet de loi déposé par Laetitia Avia (LREM) contre les contenus haineux sur Internet, la représentation nationale semblait disposée, jusqu'à ce que l'on tire les sonnettes d'alarme, à interdire aux internautes toute critique d'une religion : l'islam. Si la représentation nationale l'avait suivie, ç'aurait été une première, depuis la Révolution française. Dans le même temps, certains députés de gauche se scandalisent que l'on puisse leur interdire de déverser des flots de haine contre l'État hébreu, après que l'on eut constaté que c'était une autre façon de crier « mort aux Juifs ». Cette assimilation de l'antisionisme à l'antisémitisme est un constat que l'on a pu faire à l'occasion de l'émeute du 20 juillet 2014 dans la commune dont j'étais le maire. Ce dimanche-là, les « manifestants propalestiniens » ne se sont pas retenus pour crier « mort aux Juifs » dans les rues de Sarcelles.

Le jour même, Marie-Françoise Bechtel, députée de l'Aisne et première vice-présidente du MRC (le parti de Jean-Pierre Chevènement) avait publié un communiqué vengeur qu'elle avait titré « Interdiction de la manifestation de soutien au peuple palestinien : la France perd l'équilibre ». Elle y écrivait : « En interdisant à Paris la manifestation de soutien au peuple palestinien organisée par des associations pacifiques, la France a donné de nouveaux gages à Israël. Ce faisant, elle a favorisé les troubles constatés hier dans cette seule ville. (…) Cette étape supplémentaire dans l'unilatéralisme est profondément préoccupante pour tout Français républicain, quelle que soit son origine. » Etc. Les « organisations pacifiques », je les ai vues, à Sarcelles, le jour où Marie-France Bechtel signait sa protestation indignée. Ce n'est pas la France qui perd l'équilibre, c'est Marie-France. D'ailleurs, trois ans plus tard, la députée de Soissons perdait aussi son siège, éliminée dès le premier tour des élections législatives de 2017 avec 7,96 % des voix.

Le 1er novembre 2019, le journal *Libération* publie un appel à manifester contre « la haine » à l'égard des musulmans. Il fait suite à l'attentat abject perpétré par un vieux militant d'extrême droite contre la mosquée de Bayonne et à l'intervention d'un élu lepéniste demandant à une femme de retirer son voile pour assister à une réunion du conseil régional de Bourgogne. Cela traduit-il pour autant une augmentation des actes racistes à l'endroit des musulmans ? Le seul document un tant soit peu crédible sur lequel s'appuyer est le rapport annuel de la Délégation interministérielle à la lutte contre le racisme, l'antisémitisme et la haine anti-LGBT (Dilcrah). Or que constate-t-il pour 2018 ? Que les « actes antimusulmans atteignent cette année leur plus bas niveau depuis 2010 », alors que « les faits à caractère antisémite ont fortement augmenté en 2018 (+74 %) ». La Dilcrah a recensé 100 actes antimusulmans, 541 actes antisémites, dont un homicide, et 1 063 actes antichrétiens, principalement des dégradations commises contre des églises. Alors, pas de hausse des actes racistes contre les musulmans ? « Tout décompte est délicat à établir », bémolise portant *Le Monde,* estimant que certains actes contre les musulmans « pourraient être sous-évalués ». Et le quotidien de reprendre, sans sourciller, les critiques faites par une officine islamiste proche des Frères musulmans (le Collectif contre l'islamophobie en France – CCIF) qui, dans ce débat, se fie à son doigt mouillé. On peut bien sûr casser ce thermomètre, tout officiel soit-il, ce que ne manque pas de faire ce CCIF, dont le fondateur, je l'ai déjà précisé, est mon adversaire malheureux aux législatives de 2017. Mais ce journal pourrait aussi avoir l'honnêteté d'avertir ses lecteurs que sa source — qualifiée par lui-même d'« indépendante » — est très sujette à caution.

Que lit-on dans la tribune publiée le 1er novembre par *Libération* ? Que « depuis des années, la dignité des musulmanes et des musulmans est jetée en pâture, désignée à la vindicte des groupes les plus racistes qui occupent désormais l'espace politique et médiatique français, sans que soit prise la mesure de la gravité de la situation ». Que « depuis des années, les actes qui les visent s'intensifient : qu'il s'agisse de discriminations, de projets ou de lois liberticides, d'agressions physiques de femmes portant le foulard, d'attaques contre des mosquées ou des imams, allant même jusqu'à la tentative de meurtre ». Que des « discours racistes se déversent sur nos écrans à longueur de journée, dans l'indifférence générale et le silence complice des institutions étatiques chargées de lutter contre le racisme », etc., etc. Et qui signe ce tissu de mensonges ? Plusieurs sigles et personnages liés à la mouvance islamiste, aux salafistes, aux Frères musulmans, comme bien sûr le CCIF évoqué plus haut, ainsi qu'une litanie de formations, de groupuscules et de personnalités qui se sont déjà illustrés dans l'islamo-gauchisme : Mélenchon et ses mélenchonistes, Hamon et ses Génération.s, Besancenot et son NPA, Yannick Jadot et ses EELV, des élus communistes, Philippe Martinez de la CGT, l'Unef, Sud-Solidaires, la FSU, la porte-parole d'Attac, l'avocat Arié Alimi de Sarcelles, Edwy Plenel (*Mediapart*), Yassine Belattar et même le gilet jaune avec une barbe et un chapeau tyrolien, qui a perdu un œil en janvier 2019 dans une manif. Ils sont venus, ils sont tous-là. Ils sont tous d'accord avec ça…

Aucun ne trouve à y redire, comme s'ils avaient un cerveau unique : la vieille discipline de parti unique, sans doute. Aucune de ces cervelles n'est donc choquée que la proximité, dans la même phrase des « lois liberticides » et de la « tentative de meurtre » puisse laisser distiller que les unes et l'autre fussent liées. Même Hamon signe ça. Et si effectivement, deux messieurs septuagénaires ont failli se faire tuer par le terroriste de Bayonne — je me réjouis évidemment qu'ils se remettent de leurs blessures — et si, en juin 2019, Rachid El Jay, l'imam de Brest, a lui aussi réchappé par miracle aux tirs d'un assassin raciste, comment aucune de ces cervelles de gauche radicale a pu ne pas se dire, en se souvenant des centaines de morts du Bataclan et de Nice, que ces phrases étaient d'une insoutenable maladresse. Et que parmi les victimes de Charlie Hebdo, de novembre 2015 à Paris, de juillet 2016 sur la Promenade des Anglais, ou du marché de Noël 2018 à Strasbourg, il y avait aussi des musulmans. Ils sont là, les musulmans assassinés, Messieurs du CCIF, et ce ne sont pas seulement des « tentatives », mais des meurtres haineux commis par d'autres musulmans avec des armes à feu. Et Yannick Jadot — l'homme d'une « nouvelle gauche », d'une « nouvelle génération de gauche » — signe cet appel à manifester. Sans aucune honte…

J'avais bien remarqué que la tribune de *Libération* s'en prenait surtout à quiconque s'opposait à l'islamisation et aux manœuvres subversives des Frères musulmans. C'était évidemment dans la stratégie du CCIF et des Frères musulmans. Mais pourquoi ces gauchistes avalaient-ils ces mensonges ? D'abord bien sûr parce qu'ils étaient des professionnels du mensonge. Mensonges en économie, mensonges dans l'interprétation de l'histoire, mensonges à propos des dictatures rouges.

Alors pourquoi pas aussi mensonges à propos de l'attitude de la République à l'égard de certains de ses administrés ? Pourquoi cette gauche extrême feint-elle désormais de croire que le combat contre le totalitarisme islamiste est l'expression d'une haine des musulmans ? J'ai beau rappeler que les premières victimes des islamistes sont des personnes de culture musulmane, et qu'il suffit de regarder ce qui se passe en Iran, en Syrie ou en Afghanistan, pour le comprendre, cela n'imprime pas. Au moins ai-je eu la satisfaction de voir que le Parti socialiste ne marchait pas, même si Rachid Temal donnait l'impression d'hésiter. En tout cas, le PS a refusé de s'associer à la manifestation. Le PS ne s'aligne pas sur les thèses des Frères musulmans. Mais alors tous les autres ? Martinez, Mélenchon, Besancenot, Hamon rêvent-ils, avec les Frères musulmans, de transformer la France en un État islamique, de trancher la main des voleurs et de lapider les femmes infidèles ? Je n'en sais rien. En revanche, ces adorateurs du chaos rêvent toujours du grand soir, d'une situation révolutionnaire que la violence et la radicalité des banlieues pourraient déclencher. Leur dénominateur commun avec les islamistes, c'est une haine pathologique de la démocratie, du « capitalisme » et de l'« ultra-libéralisme » qui caractérise, selon eux, la politique d'Emmanuel Macron. Un délire qui les laisse embrasser toutes les aventures totalitaires. À la fin des années 1930, cette haine séculaire avait déjà amené le Parti communiste à s'allier à l'Allemagne hitlérienne. Nous en serions-donc toujours là ?

Chapitre 7

LES ISLAMISTES AUX PORTES DU POUVOIR

Je suis inquiet pour Garges-lès-Gonesse. J'ai peur que Garges ne devienne la première ville islamiste de France. Je l'ai déjà écrit plusieurs fois, et tant pis si je me répète, mais en 2017 mon adversaire y est arrivé en tête au second tour des législatives. Avec 55,67 % des suffrages exprimés. Avec 2 602 voix, soit 530 de plus que moi. Au premier tour, il était également en tête, avec 395 voix d'avance sur moi. C'est très inquiétant. D'autant plus inquiétant que, trois ans plus tôt, aux municipales, la droite traditionnelle devançait l'union de la gauche et une liste divers droite. Le candidat islamiste aux législatives est donc arrivé de nulle part. En si peu de temps.

Depuis les législatives de 2017, un autre scrutin est venu confirmer cette inquiétude. Parce qu'aux élections européennes de 2019, la liste islamiste de l'Union des démocrates musulmans français (UDMF) a totalisé dans cette ville 7,43 % des suffrages exprimés. Elle a surgi en quatrième position, derrière le Rassemblement national, LREM et les mélenchonnistes, mais devant la liste socialiste, devant la liste UDI de Jean-Christophe Lagarde, et loin devant celle des communistes. À l'échelle nationale, cette liste « Une Europe au service des peuples » n'a pourtant rassemblé que 0,13 % des électeurs sur son nom.

Mon inquiétude s'appuie sur une réalité. Le fait que gagner une ville populaire de banlieue est relativement facile. Garges-lès-Gonesse compte environ 42 500 habitants. Comme partout dans le sud-est du Val-d'Oise, c'est une ville pauvre avec une importante communauté musulmane. Comme partout, aussi, dans ce coin du département, les gens ne s'inscrivent pas sur les listes électorales. Ainsi Garges compte-t-elle à peine 18 000 électeurs, soit 42 % de ses habitants, alors que 70 % des habitants de la France sont inscrits sur les listes électorales.

Autrement dit, une partie des Français a baissé les bras, une autre a peur, une troisième se bat. À Garges-lès-Gonesse, nous avons les trois espèces. J'ai contribué très activement, avant le second tour de la législative de 2017, à créer sur place un front républicain, qui allait des Républicains à LREM. Nous allons bien sûr le mobiliser en vue des prochaines municipales. L'élection de 2020 à Garges-lès-Gonesse nous dira si ce front républicain est en mesure de faire barrage à une liste islamiste soutenue par la gauche islamiste. Je ne suis pourtant pas d'une confiance inébranlable, car les Français d'origine, tout comme les Français venus d'ailleurs, semblent indifférents à ce qui pourrait arriver. Cette faiblesse électorale est un révélateur. Ces Français ne veulent pas se battre pour défendre leurs libertés, pour défendre la république, pour défendre la démocratie, pour défendre la France, pour se défendre eux-mêmes. C'est infiniment regrettable, mais c'est ainsi. C'est la première faille que comptent exploiter les islamistes. La première faiblesse. La première démission. Le défaut de l'armure. Si les citoyens refusent de se mobiliser, on ramasse une ville avec trois fois rien.

D'autant qu'il y a plus grave encore que la minceur des listes électorales. Parce que si les Gargeois sont très peu à s'inscrire, ceux qui sont inscrits sont très peu nombreux à voter. Ils ont été 28 % à se déplacer pour les législatives de 2017, 29 % pour les Européennes de 2019, et 48,6 % pour les municipales de 2014. Bref, la vie démocratique intéresse assez peu les habitants de cette commune. Au fait, ça fait combien 48,6 % ? Ça fait 8 333 voix. Et 28 % ? Seulement 5 046 voix. Autrement dit, une liste de candidats peut ramasser cette ville de 42 500 habitants avec une majorité de 2 524 voix. Ou avec 4 167 voix. Aux dernières élections municipales, comme on était dans une triangulaire, il a suffi de 3 534 voix à Maurice Lefèvre pour remporter la mairie. Autrement dit ceux qui représentent 8,3 % des habitants sont aujourd'hui aux commandes de cette municipalité. Ce n'est pas exactement l'idée que l'on se fait de la démocratie. Alors passe encore quand le vainqueur d'un pareil scrutin s'efforce d'administrer sa ville « dans l'intérêt de tous les Gargeois » comme se propose de le faire Maurice Lefèvre. Bien sûr, le maire, à l'époque UMP, a fait des choix politiques de droite, mais le socle fondamental était républicain, démocrate, laïc. Le même que celui de ses adversaires. Si Hussein Mokhtari, la tête de liste socialiste, l'avait emporté, il aurait lui aussi adopté une ligne politique qui n'aurait pas été en contradiction avec les convictions profondes de la grande majorité de ses administrés. Et la « divers droite », Marie-France Blanchet, arrivée en dernière position dans la triangulaire de 2014, également.

Mais ne nous racontons pas d'histoires, il n'en sera pas de même après le 22 mars 2020, si mon adversaire aux législatives de 2017 devient maire de Garges-lès-Gonesse. Les Gargeois doivent comprendre que ses convictions profondes, sa conception du monde, sa vision de la femme sont radicalement en contradiction avec les leurs. Les Gargeois doivent savoir que la doctrine à laquelle il se réfère est totalement hostile à la culture occidentale et à la démocratie européenne. L'individu qui va conduire une liste communautaire à Garges-lès-Gonesse est un proche de Tariq Ramadan et des Frères musulmans. L'objectif officiel de ces gens-là est la renaissance islamique et la lutte contre « l'emprise laïque occidentale » et « l'imitation aveugle du modèle européen ». Ils ont l'ambition d'instaurer des républiques islamiques à la place des États laïcs, préconisent un retour aux préceptes du Coran, impliquant la mise en place de la charia, avec son cortège d'amputations et de lapidations. Le mot d'ordre des « Frères », c'est « Allah est notre objectif. Le prophète Mahomet est notre chef. Le Coran est notre loi. Le djihad est notre voie ». Hassan el-Banna, leur fondateur, a écrit que cette société secrète est « une organisation complète qui englobe tous les aspects de la vie. C'est à la fois un État et une nation, ou encore un gouvernement et une communauté. C'est également une morale et une force, ou encore le pardon et la justice. C'est également une culture et une juridiction, ou encore une science et une magistrature. C'est également une matière et une ressource, ou encore un gain et une richesse. C'est également une lutte dans la voie d'Allah et un appel, ou encore une armée et une pensée. C'est enfin une croyance sincère et une saine adoration. L'islam, c'est tout cela de la même façon. » Ajoutons que les adeptes sont autorisés à mentir, à dissimuler leurs véritables intentions – cela s'appelle la *taqiya* – pour mieux tromper leurs adversaires, qu'ils considèrent de toute façon comme des ennemis, et le tableau sera à peu près complet.

C'est un personnage de ce calibre qui risque de s'installer dans le fauteuil de leur maire, si les Gargeois n'y prennent pas garde. Je doute fort que les électeurs de Mélenchon ou du Parti communiste aient beaucoup de valeurs communes avec ces gens-là. Et pourtant, Mélenchon ou le Parti communiste témoignent beaucoup d'indulgence, pour ne pas dire davantage, à l'égard de l'islam politique. Je doute aussi que nos compatriotes d'origine musulmane, à qui ils s'adressent en priorité, aient beaucoup d'atomes crochus avec les islamistes. Ce n'est pas une question d'origine, on peut avoir un maire né au nord de la Méditerranée ou un maire né sur sa rive sud, peu nous importe. Ce n'est pas une question de foi religieuse : on peut être musulman, juif, chrétien ou athée, comme c'est mon cas, et respecter les libertés de ses concitoyens. On peut même être un homme ou une femme de religion : je ne contesterais pas plus à un imam le droit d'être maire qu'à un prêtre ou à un rabbin s'ils en avaient le désir et les compétences. Après tout le chanoine Kir a été maire de Dijon pendant vingt-deux ans. Mais ce prêtre était un homme de droite appartenant à une formation de droite, le Centre national des indépendants et paysans, qui n'avait pas d'objectif religieux et devait même compter en son sein des élus agnostiques. Le parti du chanoine n'avait pas le projet de faire vivre les Dijonnais selon les principes de l'Église et d'adapter le droit canon à la gestion communale. À l'opposé, le Collectif contre l'islamophobie en France (CCIF) n'est pas une association humanitaire, mais un appareil qui véhicule une doctrine politique que beaucoup de Français estiment dangereuse.

L'ennui, c'est qu'à Garges, il est aux portes du pouvoir municipal. Pour trouver les 3 000 ou 4 000 voix qui lui manquent, une fois qu'il a fait voter les barbus convaincus et les femmes voilées de la commune, il va s'appuyer sur le vote communautaire : « Votez pour moi, car je suis comme vous. » Eh ben non, il n'est pas comme vous. Pour mobiliser, il s'appuiera sur les réseaux dans les cités, ceux des islamistes et ceux des « jeunes issus de la diversité » (voir chapitre 3), lesquels font depuis des mois du porte-à-porte au service de la cause « il-nous-ressemble ». Il ira aussi rechercher le soutien des islamo-gauchistes, peut-être seulement au second tour, mais parfois dès le premier. L'appui des communistes et des mélenchonnistes en premier lieu, parce qu'il leur reste des troupes militantes. Et ceux-là viendront parce qu'ils se sont convaincus que les musulmans sont leur nouveau prolétariat, la renaissance de leur « Saint Graal » disparu avec les vieilles industries et la révolution numérique. Ceux-là se sont persuadés qu'ils pourraient récupérer les musulmans et que les islamistes ne sont que les idiots qui leur auront été utiles pour les mobiliser. Les « idiots utiles », c'était l'expression employée par Lénine pour désigner les « compagnons de route » qui l'aidaient à instaurer sa tyrannie communiste. En 1979, le Parti communiste iranien croyait lui aussi que les mollahs étaient ses idiots utiles. Trois ans plus tard, la direction du Tudeh ainsi que 5 000 de ses membres les plus influents étaient arrêtés et exécutés. C'était eux qui avaient été les idiots utiles de Khomeini. Aujourd'hui, dans les banlieues populaires, les islamo-gauchistes, les « jeunes issus de l'immigration » et les islamistes sont chacun convaincus que les deux autres tribus sont leurs idiots utiles. Les deux premières peuvent continuer à fantasmer sur leurs dictatures préférées du siècle dernier, de la défunte URSS au Cambodge en passant par Cuba, les démocraties, qui les pratiquent depuis un siècle, ont appris à les contrôler. En revanche, les islamistes sont beaucoup plus terrifiants. Il suffit de voir ce qui s'est passé dans les pays où ils ont réussi à prendre le pouvoir pour comprendre que l'on n'a aucune envie de vivre une pareille horreur.

Garges-lès-Gonesse sera-t-il un cas isolé ? Malheureusement pas. Des phénomènes similaires pourraient surgir dans le « 9-3 » et le « 9-5 » comme dans le reste de la région parisienne, mais aussi dans les Hauts-de-France, dans l'agglomération marseillaise ou dans la métropole de Lyon, dans les banlieues de plusieurs grandes villes, comme Nantes, Toulouse, Strasbourg, Bordeaux, Tours, Grenoble, dans des petites villes comme Lunel, parfois même dans des villages. On est au début d'une épidémie, et encore loin de son reflux, alors prenons garde qu'elle ne se transforme en une pandémie, que ce ne soit pas la peste noire. Mais les germes sont déjà là, déjà présents dans beaucoup d'autres lieux que Garges-lès-Gonesse. Ce n'est pas moi qui le dis, mais l'Union des démocrates musulmans français, qui est sortie, comme on l'a vu plus haut, en quatrième position, des bureaux de Garges, à l'occasion des élections européennes de 2019. Cette UDMF est, en principe, un parti politique. Celle-ci se revendique de l'anti-impérialisme, de l'antisionisme et de l'anticolonialisme, en se situant sur l'aile gauche de l'échiquier politique, attaché à la « valeur du travail » et à la famille, nous apprend Wikipédia. L'UDMF entend aussi lutter contre la pollution plastique et les perturbateurs endocriniens, contre les paradis fiscaux et les lobbys, « lever le secret bancaire des entreprises européennes », sortir la France de l'OTAN et donner le droit de vote aux étrangers. Ce parti souhaite encore « le développement du hallal dans une vision de création d'emplois, l'instauration de cours d'éducation civique et de philosophie permettant de "faire réfléchir et débattre les jeunes" ainsi que le droit au port du voile à l'école ». Enfin, il veut « lutter contre l'islamophobie, notamment par l'instauration d'une directive européenne qui permettrait de dissoudre tout groupe ou média raciste ». Bref, l'UDMF est une formation de l'islam politique.

En 2019, cette UDMF a tenté d'attirer le « vote musulman » en présentant une liste aux élections européennes. Globalement, ce fut un fiasco puisqu'elle n'a recueilli, à l'échelle nationale, que 28 448 voix, soit 0,13 % des suffrages. Mais ce fiasco global a caché quelques succès locaux, comme les 364 voix recueillies à Garges. L'UDMF a aussi rassemblé 509 suffrages à Mantes-la-Jolie (6,77 %), avec une pointe à près de 17 % dans le quartier du Val-Fourré, dont 22 % dans un bureau de vote. Et elle a aussi réalisé un score de 6,68 % à Montereau-Fault-Yonne (flirtant avec les 19 % dans un bureau de vote), de 6,39 % à La Courneuve, de 6,36 % à Chanteloup-les-Vignes, de 5,49 % à Gennevilliers, de 5,38 % à Villetaneuse, ou encore de 5,43 % aux Mureaux. Est-ce à dire que Mantes-la-Jolie et les six autres villes d'Ile-de-France vont basculer dans l'islamisme en mars 2020 ? Cela veut dire qu'il y a effectivement un risque, qu'une très mauvaise surprise ne soit pas à exclure, d'autant que la recomposition du pouvoir politique, amorcée avec l'élection d'Emmanuel Macron à la présidence, va continuer de se traduire par une décomposition des partis qui sont au pouvoir dans ces banlieues : les communistes à Gennevilliers, à La Courneuve et à Villetaneuse – ils ont fait 2,49 % aux Européennes de 2019 et la France Insoumise, leur enfant naturel, 6,31 % – ; les Républicains à Mantes-la-Jolie (8,48 % eux Européennes) et l'UDI à Montereau-Fault-Yonne (2,5 %). Dans ces villes, il conviendra donc d'être extrêmement vigilants et de leur faire barrage en mobilisant les électeurs partout où une formation traditionnelle sera en mesure de les empêcher d'accéder au pouvoir municipal.

Les islamistes sont également aux portes du pouvoir dans d'autres communes, qui ne figurent même pas dans la liste de celles où l'UDMF a fait un score. C'est bien sûr le cas de Goussainville où Abdelaziz Hamida, un ancien colistier du maire passé dans l'opposition, a dévoilé dès le mois de mars 2019 son intention de conduire une liste « sans étiquette » aux municipales. Là encore, face à un candidat de gauche ex-socialiste dont l'ex-parti est en miettes, le candidat qui s'avoue pudiquement « musulman et je ne l'ai jamais caché » considère que ses « chances de l'emporter sont réelles ». Difficile de lui donner tort. Aux dernières législatives, Abdelaziz Hamida s'est présenté dans la neuvième circonscription du Val-de-Marne, où il a réalisé un score de 5,76 % des voix après avoir réuni sur son nom 1 507 suffrages. Mais à Goussainville, sa commune, il est arrivé en tête avec 1 154 voix (22,46 %). Cette ville pauvre de 31 000 habitants où vivent d'importantes communautés maghrébine et turque présente beaucoup de similitudes avec Garges-lès-Gonesse. Seulement la moitié de la population est inscrite sur les listes électorales dont à peine un tiers se déplace aux élections nationales. Aux dernières municipales, il y a eu tout de même 57 % de participation et il a fallu 4 371 voix à Alain Louis pour pouvoir ceindre l'écharpe de maire. Mais cela fait de lui encore un premier magistrat élu en étant soutenu par moins de 15 % de ses administrés.

Voilà que là-dessus est arrivée une polémique. En septembre 2019, l'hebdomadaire *L'Express* a publié un article affirmant qu'Abdelaziz Hamida était fiché S. Le candidat a nié et s'est insurgé, annonçant qu'il allait tout de suite porter plainte en diffamation. Même si cette réaction est conforme à la stratégie el-Banna/Ramadan du djihad judiciaire, on peut comprendre que cette allégation, si elle est fausse, puisse être considérée comme diffamatoire. Selon *L'Express*, l'élu aurait « éveillé l'attention des services de renseignement en raison de ses activités prosélytes et pour compter dans son entourage plusieurs personnes fichées pour radicalisme ». Tandis que le candidat affirmait n'avoir « pas de lien avec des gens radicalisés », *Le Parisien*, qui consacre un article à l'article, a cherché à vérifier auprès du ministère de l'Intérieur. Lequel lui a renvoyé la formule habituelle disant qu'il « n'infirmait ni ne confirmait jamais ce type d'information d'une manière générale ». Réponse stupide s'il en est – ou alors c'est le fichage qui est idiot. Parce qu'on nous a expliqué, après l'assassinat de quatre de ses collègues, en septembre 2019, par un fonctionnaire radicalisé de la préfecture de police, que l'on ne pouvait pas décharger de ses fonctions un agent de l'État sous prétexte qu'il était fiché S. Alors s'il n'est pas possible, non plus, de faire savoir qu'un candidat à une élection est fiché, on prend le risque mortifère de favoriser l'élection d'un fondamentaliste musulman, voire d'un terroriste potentiel. À quoi sert-il dès lors de ficher un individu ? Peut-être à pouvoir dire qu'« on savait », après que celui-ci aura fait un passage à l'acte…

Il y a fort à parier, donc, que l'on ne saura pas, avant les élections municipales, si Abdelaziz Hamida, tête de liste à Goussainville, est fiché S ou ne l'est pas. Lui-même ne le sait pas puisque le ministère de l'Intérieur indique qu'il ne communique pas évidemment pas cette information. L'intéressé précise d'ailleurs qu'il n'a « aucune connaissance à ce jour d'être fiché et si c'est le cas, il faut qu'on (lui) explique pourquoi », ajoutant qu'il n'avait « pas de lien avec des gens radicalisés ». Quant à la justice, que le plaignant a saisie, je crains fort qu'elle ne puisse davantage apprendre la vérité et donc la révéler à l'audience. Le milieu politique goussainvillois se trouve évidemment dans la même ambiguïté. « Ces accusations m'indignent et me mettent en colère, d'autant qu'à Goussainville, ce n'est pas la première fois que calomnies, coups bas et menaces sont adressés à des candidats qui dérangent », souligne Isabelle Pigeon, une conseillère municipale communiste. Il n'est pas inutile de souligner que, fidèle aux engagements islamo-gauchistes de son parti, la colistière du maire Alain Louis en 2014 a quitté la majorité l'été dernier pour rejoindre Abdelaziz Hamida. Sans trop se poser la question d'une éventuelle compatibilité de sa doctrine léniniste avec l'islam politique.

Je suis également inquiet pour Gonesse. Cette banlieue de 26 000 habitants n'a peut-être pas voté significativement pour la liste islamiste aux Européennes, puisque l'UDMF n'a réuni que 22 voix (0,49 %), mais ses cités sont gangrénées par les réseaux islamistes et par ceux de la diversité. C'est dans un immeuble coquet au sein d'un quartier agréable que vivait l'égorgeur de la préfecture de police, évoqué précédemment, réalité qui peine à faire de ce fonctionnaire la victime d'un quelconque système d'exploitation ou d'exclusion. Dans leur enquête, les policiers ont vite établi que ce Mickaël Harpon fréquentait la mosquée de Gonesse où un imam radicalisé assurait depuis avril 2017 les cinq prières quotidiennes, du dimanche au jeudi. Cet imam — présenté par ses pairs comme un « imam adjoint » — s'était auparavant illustré à Sarcelles, avant d'être renvoyé en 2014 par les dirigeants de l'association qui l'avaient embauché pour diriger la prière, quand ils s'étaient aperçus que cet Ahmed Hilali radicalisait les gamins qui fréquentaient leur mosquée. À l'époque j'avais fait un signalement auprès des autorités, conduisant la préfecture du Val-d'Oise à prendre à l'encontre de ce ressortissant marocain une obligation de quitter le territoire français (OQTF) que le ministère de l'Intérieur avait annulée en estimant qu'elle ne se justifiait pas. Les autres prédicateurs sont soit proches de la Ligue islamique mondiale, créée en 1962 pour assurer la promotion du wahhabisme saoudien dans le monde, soit ils sont liés à l'Union des organisations islamiques de France (UOIF), récemment rebaptisée en Musulmans de France, une branche française des Frères musulmans. Or ce mouvement créé par le grand-père de Tariq Ramadan, qui est aujourd'hui considéré comme « terroriste » par les Émirats arabes unis, n'est pas une simple sensibilité religieuse, nous explique le journaliste Mohamed Sifaoui, mais « une opinion politique puisée dans un corpus totalitaire »...

Dans les jours qui ont suivi le massacre épouvantable de la préfecture de police, un autre Gonessien a tenu à se manifester. Connu pour être hystériquement assoiffé de reconnaissance – « Chacun a droit à un quart d'heure de célébrité », disait Andy Warhol –, celui-là a dû penser que son quart d'heure était arrivé. Hadama ou peut-être Adama Traoré s'est fait fort de « rétablir la vérité » à propos de l'assassin des policiers, expliquant que ce n'était pas un extrémiste religieux, mais un brave garçon qui « souffrait au travail du fait de son handicap » (malentendant). Dans la foulée il appelait à une manifestation devant la mairie de

Gonesse, dont la préfecture du Val-d'Oise, toujours bien inspirée, s'empressait de dire qu'elle ne l'interdirait pas... Le ministre de l'Intérieur réagissait dans la foulée en ordonnant au préfet du Val-d'Oise de l'interdire illico. Christophe Castaner ajoutait que « la manifestation prévue à Gonesse en soutien à l'assassin de la préfecture de police (était) une infamie et une insulte à la mémoire de nos policiers ». Quelques heures plus tard, à l'heure dite, personne ne battait la semelle devant la mairie de Gonesse, le trublion organisateur ayant lui-même été placé en garde à vue.

Traoré est une sorte de caricature de ces « jeunes issus de la diversité ». Pur produit de l'échec scolaire, agité des banlieues, perturbateur narcissique, professionnel de la provocation, vague compagnon de route de l'extrême gauche – son « mouvement citoyen » s'appelle La Révolution est en marche... – il a fait sienne la principale revendication de ses semblables (voir chapitre 3) dont on peut résumer le message politique en ces simples mots : « Ôte-toi de là que je m'y mette ». Français d'origine malienne, il reprend les thèmes obsessionnels d'activistes noirs comme les adhérents du Conseil représentatif des associations noires de France (Cran) selon qui une personne de couleur ne peut jamais être mise en cause, étant toujours une victime de l'oppression des Blancs. C'est une nouvelle forme de racisme des banlieues, de haine systématique des Français d'origine que des personnes comme Rokhaya Diallo professent et pratiquent jusqu'à l'écœurement. Ses différents engagements militants conduisent évidemment Hadama Traoré à soutenir aussi les combats de l'islam radical, et même du terrorisme islamique, comme on le voit, avec qui il partage au moins la même exécration de la démocratie occidentale.

Les islamistes sont-ils aux portes du pouvoir à Gonesse ? Pour compléter le tableau, il convient de parler de Mohammed Hakkou. Car que va faire ce restaurateur toujours propre sur lui, bien coiffé, tiré à quatre épingles, lisse ? Colistier du socialiste Jean-Pierre Blazy en 2014, adjoint au maire de Gonesse, peut-être membre du PS, il a soutenu avec autant de discrétion que de zèle la campagne de mon adversaire islamiste aux élections législatives de 2017. Mais peut-être n'agira-t-il que s'il lui apparaît avoir de sérieuses chances de battre le maire sortant, s'il arrive à mobiliser derrière sa liste les réseaux de la mosquée et ceux de la diversité… Un défi irréaliste ? Pas sûr, parce qu'il suffit d'être suivi par 13 % de sa population pour prendre Gonesse. En 2014, Jean-Pierre Blazy a remporté le scrutin avec 3 482 voix, soit 50,97 % des suffrages exprimés…

Être au seuil du pouvoir, pour l'islamisme, cela suppose aussi d'infiltrer ses réseaux d'influence au sein du gouvernement, à Matignon ou à l'Élysée. Une conférence organisée par la Ligue islamique mondiale, le mardi 17 septembre 2019, a offert la plus parfaite illustration de l'une de ces tentatives. Elle s'est tenue au Palais Brongniart, l'ancien siège de la Bourse des valeurs mobilières, à Paris. Son thème ?

« La paix et la solidarité : juifs, chrétiens, musulmans, un engagement commun au service de l'homme ». Un sujet tellement consensuel que la présence d'Emmanuel Macron et d'Édouard Philippe, le Premier ministre, est annoncée à grand renfort de tambour et trompettes, preuve que l'un et l'autre ont dû donner leur accord, au moins du bout des dents. D'autant que le secrétaire général de ladite Ligue, Mohammed al-Issa, ainsi que les représentants des autres cultes, dont le grand rabbin de France Haïm Korsia, seront également sur place. Encore plus rassurant : le coorganisateur des réjouissances est la Fondation de l'islam de France, un organisme créé par Jean-Pierre Chevènement en 2016 pour jeter les bases d'un islam républicain en combattant le fondamentalisme et l'idéologie djihadiste.

Seulement voilà, des voix discordantes commencent à se faire entendre. Justement, Razika Adnani, une philosophe membre de la Fondation de l'Islam de France s'étonne justement de ne pas avoir été mise au courant de l'organisation de cette conférence. « Il est difficile d'admettre, écrit cette dame dans un article, que les wahhabites soient subitement devenus des gens qui prônent un discours de paix et de solidarité, qui dénoncent le terrorisme et l'obscurantisme islamiques au point de devenir un exemple à suivre et surtout de venir en parler en France et de montrer aux Français musulmans le chemin à suivre pour vivre en harmonie avec leur société. » Et Razika Adnani d'enfoncer le clou : « Si la Ligue islamique mondiale dénonce le terrorisme, comment expliquer que des hommes et des femmes sont décapités sur la place publique en Arabie Saoudite ? Pourquoi des êtres humains sont-ils condamnés à des coups de fouet parce qu'ils ont des opinions au sujet de l'islam et de la société différentes de celle des wahhabites ? »

Le journaliste franco-algérien Mohamed Sifaoui viendra aussi rappeler au grand rabbin Haïm Korsia que Mohammed al-Issa a été ministre de la Justice du royaume saoudien de 2009 à 2015. Et qu'en cette qualité, il a signé la décapitation au sabre de plusieurs centaines de personnes. Quant au Conseil français du culte musulman (CFCM), l'association créée sous l'égide du ministère de l'Intérieur en vue de représenter les musulmans de France auprès des instances étatiques pour les questions relatives à la pratique religieuse, il refuse carrément de se rendre à la conférence. Pour justifier cette absence, Abdallah Zekri, le délégué général du CFCM, commente : « Coupez la queue à un serpent, il reste un serpent. Nous ne voulons pas cautionner la Ligue islamique mondiale, qui a soutenu les fondamentalistes. Et pourquoi la Ligue islamique vient-elle se mêler de l'islam de France ? » Fermez le ban. Razika Adnani a aussi rappelé que la Ligue avait tenu une autre conférence en mai dernier à La Mecque. Qu'à l'issue de celle-ci, une résolution avait rappelé qu'« aucune décision ou réforme socio-politique ne pouvait se faire dans un pays musulman sans l'avis de l'Arabie saoudite ». Qu'en résumé, « les Algériens, les Tunisiens, les Soudanais devaient oublier leur combat pour la démocratie, l'égalité homme-femme, la citoyenneté ou la neutralité de l'État ». La conférence de Paris s'est conclue sans que le Président ni son Premier ministre n'y fassent acte de présence. L'un et l'autre ont d'ailleurs démenti avoir jamais eu l'intention d'accepter l'invitation qui leur avait été adressée. Quel était l'objectif de cette tentative du Palais Brongniart ? Voulait-elle attacher symboliquement Emmanuel Macron à une vision rigoriste de l'islam, alors que l'Élysée n'a toujours pas renoncé à définir la place de cette religion dans la république, conformément aux engagements tenus par le futur président en 2017 ?

D'autres manœuvres, hélas, ont connu davantage de succès. Un jour de 2018, je reçois un appel sur mon téléphone portable. Je décroche, quoique le numéro appelant me soit inconnu, en prenant soin d'activer l'enregistrement de la conversation. J'entends alors un individu grossier me lancer : « C'est toi, Pupponi ? » Peut-être ai-je le tort de ne pas raccrocher. Un vague échange s'engage, ponctué d'injure et de menaces, de la part d'un énergumène qui se présente comme Yassine Belattar. Ce nom me rappelle aussitôt un épisode sinistre auquel j'avais assisté en mai de la même année 2018. En novembre 2017, Emmanuel Macron nous avait invités à déjeuner, Jean-Louis Borloo et moi, pour parler de la politique de la ville. Suite à quoi, le Président lui avait confié le pilotage d'un « plan de bataille » en faveur des banlieues. Nous avons ensuite travaillé pendant plusieurs mois avec d'autres élus et des experts issus du milieu associatif, puis nous avons rédigé un rapport que nous avons eu des difficultés à remettre à son commanditaire, l'Élysée ayant beaucoup de mal à nous trouver une date… Finalement, ce sera le mardi 22 mai. Mais la veille, nous apprenons la création du Conseil présidentiel des villes, un « machin » composé de 25 « vraies gens de la banlieue » destinés à réfléchir aux mesures à prendre en faveur de ces quartiers. Nous comprenons aussitôt que notre « plan de bataille » est enterré. Plus grave : nous repérons, parmi les personnes qui siègent au sein du comité Théodule des gens jugés proches de l'islam radical. Et en particulier ce Yassine Belattar, un supposé humoriste dont les prises de position sur l'islamisme ont conduit à l'annulation de plusieurs représentations de son spectacle. Le mardi 22 mai à l'Élysée, c'est Belattar qui, le micro à la main, anime la remise du rapport Borloo en présence des élus, des professionnels et des travailleurs associatifs qui ont participé à son élaboration. Et que nous lance Belattar pour résumer la réflexion que nous avons remise au Président et par voie de conséquence à ce Conseil présidentiel des villes : « Ce ne sont pas deux mâles blancs qui vont décider de la politique à mettre en œuvre dans les banlieues ». J'ai aussitôt pensé qu'en se dotant d'un entourage comme celui-là, Emmanuel Macron n'était pas près d'avoir une vision claire de la montée de l'islam politique. Voilà donc qui était ce Yassine Belattar, l'humoriste dénué de tout humour qui m'interpellait au téléphone. Parce qu'après avoir fait référence à sa proximité avec le président de la République, l'olibrius m'accusait de racisme et concluait son appel par des menaces physiques. J'ai bien sûr soigneusement conservé l'enregistrement de cet échange. Je ne le savais pas encore coutumier des menaces téléphoniques. Il s'est par la suite illustré en tenant des propos menaçants, à l'encontre de Jean-Michel Blanquer, le ministre de l'Éducation nationale : « Si j'étais lui, j'éviterais de mettre les pieds dans le neuf-trois », a déclaré le bonhomme. Après les territoires perdus de la République, voilà les départements interdits aux ministres de la République…

Quelques mois plus tard, j'apprends, en mars 2019, que Belattar vient d'être mis en examen pour « menaces de mort », « menaces de crimes réitérés », « envois réitérés de messages malveillants » et « harcèlement moral ». Ce joli coco fait alors l'objet de plusieurs plaintes émanant de gens du showbiz et d'une animatrice de la télévision. *Mediapart*, qui a enquêté sur cette affaire, précise que « quatre personnes ont décrit sur procès-verbal des menaces directes, une demi-douzaine de personnes au bas mot ont évoqué des relations professionnelles difficiles et deux jeunes femmes ont raconté des conversations dérivant vers des sous-entendus ou des allusions sexuelles alors qu'elles étaient à la recherche de travail ». Mais pourquoi me menacer moi, François Pupponi, qui ne suis pas une animatrice de télévision, ne navigue pas dans le showbiz et ne fait pas le pitre sur les plateaux de télévision où je suis invité ? Je découvre assez vite qu'en 2015, il avait animé le gala du Collectif contre l'islamophobie en France, ce CCIF dont mon adversaire islamiste aux élections législatives de 2017 est le fondateur. L'humoriste pas drôle serait-il lui aussi proche des Frères musulmans ? Je constate qu'en tout cas, Belattar fait souvent référence à Tariq Ramadan, même s'il me semble évident que la fascination qu'il éprouve pour le prédicateur suisse n'en fait pas pour autant un fou d'Allah.

Voilà un lien — si ténu soit-il — établi entre l'islam radical et le président de la République. Voici un contact, établi via un guignol de l'islamosphère, entre Emmanuel Macron et l'un des individus les plus influents de la mouvance liée aux Frères musulmans. C'est ainsi que les islamistes ont pris l'habitude d'infiltrer les pays où ils s'installent, c'est ainsi qu'ils s'avancent jusqu'au seuil du pouvoir. Je n'imagine pas Emmanuel Macron leur prêter une oreille complaisante. Mais un canal de négociations secrètes est désormais en place, que les fondamentalistes n'hésiteront pas à activer. Qui sait ce qu'ils peuvent proposer au Président ou à son gouvernement ? Moi qui, en tout cas, les observe depuis des années, je peux m'en faire une idée précise. Ils veulent proposer la pacification des quartiers au nom de l'islam, le contrôle de ces « jeunes issus de la diversité », parfois tellement turbulents, comme l'a montré la manif de juillet 2014 à Sarcelles. Ils vont proposer l'éradication des trafics, l'extirpation de cette délinquance endémique qui pourrit le quotidien des communes populaires. Souvenez-vous, diront-ils, de ces maires convaincus qu'« une mosquée qui ouvre, c'est une prison qui ferme… Ils vont proposer une sorte de paix des banlieues. On ne va pas dire, n'est-ce pas ? que c'est du chantage, mais plutôt du donnant-donnant. La paix des banlieues contre une poignée de municipalités, qui prouveront que les musulmans peuvent s'avérer de bons gestionnaires de la république. Voilà ce que les islamistes s'apprêtent aujourd'hui à proposer au chef de l'État.

En guise de conclusion

LES DÉMOCRATES DOIVENT PRENDRE DES DÉCISIONS SANS TARDER

Je pense que nous avons assez perdu de temps. J'ai peur que ces interminables tergiversations ne donnent de la France une image catastrophique. Je suis maintenant certain que les partisans du chaos prennent les gouvernements successifs de la République pour des tigres en papier. Ils voient cette indécision. Ils rient de cette pusillanimité. Ils s'enhardissent. Nos voisins européens sont atterrés. Nos partenaires dans le monde arabe sont effarés par notre faiblesse alors qu'ils espéraient tellement pouvoir s'appuyer sur une France forte. Nos compatriotes se demandent si nous n'allons pas capituler. Nos compatriotes de culture musulmane s'inquiètent de nous voir ainsi chanceler face « aux barbus ». Les musulmans républicains savent que nous serons incapables de les protéger. Le souvenir de 1940 a gagné les esprits.

Nous allons pouvoir célébrer trente ans d'indécision. C'est en 1990, en effet, que Pierre Joxe, alors ministre de l'Intérieur (et des Cultes) sous la présidence de François Mitterrand, lance le Conseil de réflexion sur l'Islam de France, qui est chargé de présenter des propositions pour l'organisation du culte des musulmans (voir chapitre 4). Neuf ans plus tard, on n'a pas avancé d'un pouce. Jean-Pierre Chevènement, qui occupe à son tour la place Beauvau, lance une consultation auprès des mosquées les plus importantes, d'un choix de personnalités et des organisations supposées représenter les musulmans. Il leur soumet un texte. Aux yeux du ministre, ce texte n'est pas négociable. Ce sont les conditions mises par la République à l'intégration des musulmans au sein de la nation. Mais l'un des articles fait grincer les dents : celui qui concerne la liberté religieuse. Dans la République, chacun est libre d'adopter la religion de son choix ou de ne pas croire. On peut donc se convertir à une religion qui n'est pas celle que l'on a héritée de ses traditions familiales : combien de Français nés chrétiens, ces dernières années, se sont-ils convertis à l'islam ? On peut même, dans sa vie, changer plusieurs fois de religion, pourquoi pas ? Cette liberté religieuse est l'un des piliers de la laïcité. Pour Chevènement, elle est cruciale.

L'ennui, c'est que la liberté religieuse n'est pas acceptée par l'islam. La tradition musulmane interdit que l'on change de religion ou que l'on cesse de croire à l'existence d'Allah. Selon elle, c'est de l'apostasie. Dans les pays islamiques les plus arriérés, les personnes qui font ce choix sont exécutées. En 1992, Sadiq Abdul-Karim Malallah, un jeune poète saoudien de 22 ans, a été décapité sur une place publique de Qatif, un port du Golfe persique. En novembre 2015, Ashraf Fayad, un autre poète, cette fois palestinien, a été condamné à la même peine. Cet homme de quarante ans s'était disputé avec d'autres personnes qui l'ont dénoncé à un tribunal islamique, l'accusant de blasphème. Sa décapitation a pourtant été commuée sous la pression internationale à 8 ans de prison et 800 coups de fouet. J'ai bien regardé : dans tous les pays musulmans, même laïcs, comme l'Algérie, un apostat s'expose à de graves ennuis. S'il s'agit d'un homme, la peine prévue par le Coran est la condamnation à mort, mais le prévenu a trois jours pour revenir à l'islam et ainsi sauver sa tête. Quand il s'agit d'une femme, le tribunal islamique la condamne plus généralement à la prison à vie. La République n'acceptera rien de tout cela : tel est le message adressé aux ulémas français par Jean-Pierre Chevènement. En novembre 1999, le ministre explique à ses interlocuteurs que les autres religions, en France, avaient dû accepter, au cours de l'histoire, beaucoup de libertés qui étaient contraires à leurs principes. En signant avec l'État le Concordat de 1801, l'Église catholique, qui s'opposait au divorce, s'était pourtant résignée à cette dissolution volontaire des liens du mariage, accordée par la loi du 20 septembre 1792. Et les rabbins ont dû accorder aux femmes juives la liberté d'épouser un homme qui n'était pas de confession judaïque pour signer leur Concordat de 1808.

La plupart des représentants du culte musulman à qui Chevènement soumet son texte sont disposés à faire entrer leur religion dans le XXIe siècle, et à la rendre compatible avec la civilisation occidentale. Ils acceptent donc d'accorder la liberté religieuse à leurs fidèles et d'abandonner le dogme sanguinaire de l'apostasie.

Les conservateurs, en revanche, y sont résolument hostiles, au premier chef desquels l'Union des organisations islamiques de France. Cette UOIF, qui prend le leadership de l'opposition à la liberté religieuse, est l'expression des Frères musulmans dans l'Hexagone. Au nombre de ses amis, l'islamologue syrien Mohamad Ratib Al-Nabulsi prône la peine de mort pour les apostats. Dans un premier temps, pourtant, ce sont les progressistes qui semblent l'emporter, et Chevènement peut croire qu'il a gagné. Mais en janvier 2000, l'équilibre se renverse et l'UOIF finit par s'imposer. Les représentants français de l'islam refusent donc de rendre leur religion compatible avec les principes républicains. Et l'on comprend que l'équivalent d'un consistoire susceptible de représenter, avec suffisamment de légitimité, les musulmans auprès du gouvernement n'est plus d'actualité. Pourtant, Nicolas Sarkozy, ministre de l'Intérieur à partir de juin 2002, reprend le dossier avec un mélange de dynamisme, de volontarisme et de précipitation pour aboutir en juin 2003 à la création du Conseil français du culte musulman (CFCM). Mais cet embryon de consistoire n'arrivera jamais à être représentatif. En grande partie parce que les courants proches des Frères musulmans n'auront de cesse de le torpiller. En 2013, l'UOIF quitte le CFCM, puis cherche à négocier sa réintégration, mais sur des bases conservatrices inacceptables pour les modernistes. C'est l'époque où Manuel Valls, alors Premier ministre, déclare être décidé à « combattre son discours ». Quant à Christian Estrosi, qui est président de la région PACA, il n'envisage rien moins que la dissolution du mouvement islamiste. En 2017, l'UOIF change son nom en Musulmans de France, pour souligner son « côté citoyen » de la République. Abdellah Zekri, le secrétaire général du CFCM, lui reproche de vouloir créer la confusion en prétendant, grâce à cette appellation, parler au nom de la totalité des musulmans. En réalité, l'UOIF veut s'imposer, à la place du CFCM, comme le « consistoire musulman », comme l'interlocuteur de la République, mais qui serait, pour le coup, un interlocuteur conservateur, proche des Frères musulmans.

Après trente ans d'efforts, de tergiversations et d'attentisme, cinq Présidents successifs ont donc échoué à faire entrer dans la République une communauté qui peut représenter au maximum 13 % de la population française. N'est pas Bonaparte qui veut. Après trente ans, nous n'avons pas non plus réussi à nous doter d'un interlocuteur capable de parler au nom des musulmans avec l'État. Nous nous retrouvons avec deux blocs. Une majorité silencieuse et modérée, réunie dans le CFCM et soutenue par les démocrates, veut faire entrer l'islam dans la République. Une minorité agissante et totalitaire, organisée par les Frères musulmans et soutenue par la gauche radicale, ne veut pas entendre parler d'un islam républicain. Quel est le rapport de force ? On n'a pas grand-chose pour répondre à la question. La « Rencontre annuelle des musulmans de France », grand-messe de l'UOIF organisée chaque mois d'avril au Bourget accueille 200 000 personnes. Cela peut paraître assez faible. En revanche, les pratiques plus rigoureuses de l'islam se propagent peu à peu. Certaines idées aussi.

Alors, comment leur faire barrage ? D'abord, bien sûr, en se rapprochant des musulmans favorables à la République. En travaillant plus étroitement avec les membres Rassemblement des musulmans de France, plutôt d'origine marocaine, qui souhaitent « contribuer à faire émerger un islam modéré, tolérant et respectueux des lois de la République, un islam du juste milieu ». En bâtissant un avenir commun avec les proches de la Grande mosquée de Paris, d'origine algérienne. Les républicains doivent aussi resserrer les liens avec les personnes de culture musulmane, pratiquantes ou pas. Le faire, notamment, en s'efforçant notamment d'inclure aux équipes municipales un nombre d'élus de cette origine plus conforme à son importance démographique. Si on a eu raison d'introduire la parité dans la loi électorale, il ne faut pas instaurer des quotas ethniques ou religieux, ce qui n'interdit pas de faire des efforts, d'associer davantage ces populations aux décisions qui les concernent. C'est alors seulement que l'on pourra mener le combat idéologique contre les islamistes. C'est un combat qu'il faudra mener tous ensemble, musulmans républicains, non pratiquants de culture musulmane, Français et ressortissants étrangers d'autres origines. C'est en soutenant les musulmans éclairés que nous pourrons construire ensemble un islam moderne, tolérant, respectueux des principes de la République, même s'il reviendra bien entendu à leurs théologiens d'en écrire les pages religieuses. C'est avec eux que nous pourrons jeter les bases d'un futur consistoire ou d'un futur Concordat. C'est ensemble également que nous pourrons convaincre tous les musulmans que cette République ébauchée par la Révolution française est aussi la leur.

Une nation qui veut accueillir dignement de nouveaux arrivants doit savoir se montrer hospitalière. Ainsi Napoléon III a-t-il fait don aux juifs du terrain sur lequel ils ont construit, en 1867, la Grande Synagogue de la rue des Victoires. Quarante ans plus tard, la loi de séparation des Églises et de l'État a rendu un immense service aux congrégations religieuses en confisquant leurs lieux de culte, parce qu'aujourd'hui ce sont les collectivités territoriales qui assurent sur leur budget l'entretien très onéreux des églises, des temples et des synagogues. Il ne faut pas toucher à une ligne de la loi de 1905 qui est parfaite. En revanche, nous devons, Républicains, réfléchir au financement des lieux de culte musulmans. Si nous voulons éviter que les mosquées ne soient financées par des fonds dépendant de la Turquie, du Qatar ou de l'Arabie saoudite, et donc qu'elles restent sous la domination de ces pays, nous devrions accepter de laisser les collectivités locales construire ces édifices religieux. Combien en faudrait-il de plus que les 2 600 actuels ?

Pour que les musulmans soient aussi bien dotés, par exemple, que les juifs, il faudrait construire 5 000 mosquées. Mais pour qu'ils disposent, en proportion, d'autant de lieux de culte que les protestants, il en faudrait 10 000 de plus. Faisons un moratoire de dix ans sur les dispositions financières de la loi de 1905. Fini les tartufferies municipales destinées à contourner la loi. Arrêtons l'hypocrisie qui consiste à construire des instituts culturels pour héberger des salles de prière, et autorisons pendant dix ans les communes ou les intercommunalités à construire des mosquées. Celles-ci resteront bien sûr la propriété des collectivités, comme c'est notamment le cas des églises. Conserver la propriété des édifices est aussi un moyen de contrôler leur utilisation. Parce que l'exercice du culte étant confié contractuellement à une association cultuelle, les municipalités pourront vérifier l'identité ou l'affiliation des structures avec lesquelles elles signeront un contrat. Les collectivités qui souhaiteront réserver leurs édifices à un culte compatible avec les principes républicains pourront par exemple en confier l'usage à une association affiliée à un organisme modéré, comme le Rassemblement des musulmans de France ou comme la Grande Mosquée de Paris. On pourrait même imaginer que les collectivités bâtisseuses rédigent, avec ces membres du CFCM, une sorte de charte de l'islam de France qui pourrait préfigurer un futur Concordat, ce texte incluant la liberté religieuse chère à Jean-Pierre Chevènement.

Il faudrait aussi s'entendre avec ces structures modérées pour que les imams appelés à diriger la prière dans ces mosquées sous contrat soient formés dans les universités françaises et invités à prêcher en français – Mustafa Kemal Atatürk, le père de la Turquie moderne, avait bien imposé à ses imams de prier en turc. En Alsace et en Moselle, qui sont des territoires toujours soumis aux Concordats puisqu'annexés par l'Allemagne lorsque la loi de séparation des Églises et de l'État a été promulguée, les imams officiant dans les mosquées sous contrat pourraient, dans un souci d'égalité, être salariés par les communes. Si elle veut davantage contrôler l'islam, face à une menace anti-républicaine, la France pourrait étendre le salariat des imams à l'ensemble du territoire. Elle serait contrainte dans la foulée de le faire avec les ministres des autres cultes de manière à ce que le Conseil constitutionnel ne juge la mesure discriminatoire. C'est très exactement ce qu'elle a fait tout au long du XIXe siècle, longue période de catholicisme troublé. Une décision de ce genre constituerait une entorse sérieuse à la loi de 1905, mais qui pourrait être limitée dans le temps par le législateur.

Une République forte et sûre d'elle devrait évidemment considérer aussi que l'intransigeance de « Musulmans de France » n'est pas définitive et le ministre en charge des cultes poursuivre le dialogue. Chacun, chaque entité humaine est susceptible d'évolution. Voyez Mohamed Louizi qui, de cadre de l'UOIF, est devenu musulman républicain. Regardez comment Mohamed Louizi se bat pour l'intégration de la « oumma » dans la nation, dans la République, dans la France contemporaine. Prenez aussi le cas de Tareq Oubrou, souvent désigné comme l'imam de Bordeaux. Homme pétri d'intelligence et de culture, il soutient de prime abord des positions radicales – avant d'adhérer à l'approche des Frères musulmans. Mais poursuivant sa réflexion, et son évolution, Tareq Oubrou va défendre des conceptions très personnelles, et modérées, au sein de l'UOIF, au point d'être choisi par le ministre de l'Intérieur Bernard Cazeneuve, après l'attentat contre Charlie Hebdo (7 janvier 2015), comme interlocuteur privilégié des pouvoirs publics pour relancer le dialogue avec les représentants musulmans. Il faut se souvenir que six mois plus tôt, lors de la guerre de Gaza, il avait appelé les musulmans de France à « ne pas confessionnaliser le conflit ». En 2012, Tareq Oubrou, qui s'était opposé des années plus tôt à la loi sur le voile, déclare n'avoir trouvé aucun texte « qui oblige la femme à se couvrir la chevelure ». Si l'Église catholique est susceptible d'évolution, je ne ferai pas l'injure aux Frères musulmans de ne pas pouvoir en faire autant. Si le Vatican a fini par accepter l'idée que la terre pouvait tourner autour du soleil, alors l'UOIF peut sans doute accepter de vivre sa foi dans le cadre des institutions républicaines. Quelle proposition la République peut-elle faire à « Musulmans de France » ? Vivez avec votre temps, accordez la liberté religieuse à vos fidèles, acceptez la formation de vos imams, signez le Concordat, en échange de quoi la République prendra le financement de vos mosquées à sa charge. C'est du donnant-donnant ? C'est plutôt du gagnant-gagnant, car la République pas plus qu'un courant religieux n'ont intérêt à laisser ce climat délétère s'envenimer davantage.

Je reste convaincu que la création d'un Consistoire des musulmans et la signature d'un texte rendant cette religion définitivement compatible avec les principes de la République raffermiraient les liens entre nos concitoyens de culture musulmane et les autres Français. Je reste convaincu qu'une intégration accrue servirait mieux l'aspiration au mieux-vivre de cette population, en lieu et place de l'hostilité actuellement cultivée par « Musulmans de France » aux principes de la République, et de sa volonté manifeste de se tenir à l'écart de la nation. Je reste convaincu que les provocations de l'islam radical ne peuvent que susciter la défiance, l'inquiétude, l'éloignement du reste de la population. Un sondage commandé en novembre 2019 par la Délégation interministérielle à la lutte contre le racisme, l'antisémitisme et la haine anti-LGBT (Dilcrah) à l'IFOP a révélé que 42 % des musulmans vivant en France affirmaient avoir été victimes de discrimination, notamment à l'embauche, au moins une fois dans leur vie. L'attitude des islamistes n'est pas la solution la plus à même de réduire cette fracture.

Je suis aussi convaincu que la France doit davantage s'intéresser aux populations de culture musulmane pour mieux combattre l'hydre islamiste. La République doit avoir les idées claires, savoir prendre la mesure des dangers, être capable de distinguer les islamistes des musulmans modérés, et être plus forte que jamais pour imposer ses choix. Il faut que le président de la République parle aux musulmans de France. Il doit les rassurer, leur rappeler — même si cela va de soi — quelles sont les dispositions de la France à leur égard. Dans les temps troublés que nous traversons, à un moment où ces concitoyens se posent des questions, ressentent des inquiétudes, le président de la République et lui seul peut leur dire qu'ils sont toujours bienvenus dans la communauté française, mais que leur intégration à la nation leur impose des engagements. C'est à lui de leur expliquer que l'acceptation par la République de la religion musulmane n'est pas la porte ouverte à toutes les dérives, et que la France n'est pas prête à sacrifier ses valeurs. Il revient au président d'expliquer aux musulmans que la République condamne et combattra cette idéologie mortifère qu'est l'islam radical. L'exercice est délicat : il faut parler aux musulmans, resserrer les liens avec leur communauté, mais sans cesser de combattre l'islam politique. Le chef de l'État doit rappeler avec fermeté à ses interlocuteurs proches des Frères musulmans que la France est fière de ses principes hérités des Lumières. Il doit leur dire, sans donner l'impression de s'excuser, qu'il ne transigera pas. Il doit leur dire que le principe d'organisation des pouvoirs c'est la démocratie. Il doit avoir le courage de leur dire qu'aucun dieu, en France, ne se substituera jamais au gouvernement. La France doit refuser d'accueillir des hommes qui se prétendent désignés par un dieu pour exercer le pouvoir en son nom. La France doit combattre les gens qui sont venus ici avec l'ambition — comme on l'entend souvent dire — d'instaurer dans trente ou quarante ans un État islamique.

Combattre, cela signifie ne pas laisser les islamistes former, dans leurs écoles, toute une génération d'enfants à leurs thèses. Pour savoir ce que cette éducation produit, il suffit de se tourner vers le Moyen-Orient, le Liban, l'Afghanistan, la Tchétchénie, la Syrie ou l'Irak. Combattre c'est empêcher je ne sais quelle brigade d'islamistes fanatisés d'éclore dans quelque coin reculé du territoire national. Combattre c'est se prémunir contre les risques d'affrontements violents qui pourraient éclater dans plusieurs années. La République doit fermer ces écoles Coraniques de banlieue. Une école privée doit impérativement enseigner les programmes définis par l'éducation nationale, et rien d'autre, quitte à restreindre la liberté d'enseignement pour tous les établissements confessionnels. Il faut conditionner l'ouverture d'une école à des règles plus strictes : ne plus se contenter d'une simple déclaration préalable, et imposer à sa place le dépôt d'un dossier en vue de l'obtention d'une autorisation administrative. Dans la foulée, l'État devra vérifier qu'aucun des membres d'une association demandant l'agrément pour ouvrir une école ne possède un casier judiciaire.

Que ni le directeur ni aucun des enseignants n'est repris de justice, une règle qui s'impose d'ailleurs aux fonctionnaires de l'éducation nationale. Les mêmes ne pourront pas être fichés S. On nous dira que les éléments de ce fichier des personnes potentiellement dangereuses en raison d'une radicalisation islamique ne sont pas communicables. Eh bien que l'État mobilise sa prodigieuse capacité à fabriquer de l'administratif pour modifier ce fichier de manière à le rendre opposable à quiconque se dispose à enseigner, en dépit de sa radicalité ou à cause de celle-ci. On interdit bien aux pédophiles toute profession qui leur permet d'approcher les enfants. Eh bien interdisons aussi aux islamistes de violer les consciences enfantines. Une fois créée, une école privée sous contrat avec l'État, ou hors contrat, devra être régulièrement et efficacement contrôlée. L'enseignement privé ne doit pas être confondu avec une pépinière de la haine. De la même façon, il faudra être beaucoup plus rigoureux avec l'enseignement à domicile. Aujourd'hui trop d'enfants sont déscolarisés pour être soumis à une éducation coranique assortie d'une formation à l'islam politique. Avec l'éducation nationale, l'État doit faire le ménage dans l'enseignement.

La même rigueur doit s'imposer, cela va sans le dire, à la pratique du culte. La préfecture doit contrôler plus strictement les associations cultuelles. Il est inadmissible qu'un imam fiché S soit autorisé par l'État à conduire la prière à la mosquée de Gonesse. Après chaque attentat terroriste, les gouvernements nous ont rabâché que les prêcheurs radicalisés seraient renvoyés dans leur pays d'origine, s'il s'agissait de ressortissants étrangers. C'est un mensonge, car les gouvernements ont jusqu'à présent refusé obstinément d'appliquer réellement une mesure qui, finalement, n'est rien d'autre qu'un vœu pieux. Non seulement on n'a pas renvoyé Ahmed Hilali au Maroc, mais il est toujours autorisé à prêcher. Anne Collin, une journaliste du *Parisien*, peut bien nous expliquer, dans une sorte de rhétorique proche de l'antiphrase, que cet imam fait « l'objet d'une fiche S, un outil de renseignement pour les forces de l'ordre et non la preuve d'une quelconque dangerosité ». Eh ben non, la DGSI ne distribue pas des fiches S pour faire joli. Le S de la fiche est l'abréviation de « sûreté de l'État ». Et la fiche S désigne, selon les textes, un individu susceptible d'« atteinte à la sûreté de l'État ». Alors, vraiment, aucune dangerosité ? « Il n'est pire aveugle que celui qui ne veut pas voir » est un proverbe spécialement fabriqué pour désigner ce genre de journalistes bisounours.

Mais revenons aux mosquées. Selon le ministère de l'Intérieur, 150 d'entre elles seraient salafistes, 70 autres seraient liées à la Confédération islamique Millî Görüş proche du président turc Erdoğan et plusieurs centaines encore seraient proches des Frères musulmans. Après chaque attentat islamiste, les gouvernements s'étaient aussi engagés à fermer toute mosquée qui tiendrait un discours contraire aux principes de la République. Les gouvernements n'en ayant fermé qu'une poignée, on va fatalement croire que les islamistes les plus échevelés respectent nos valeurs. Ce n'est bien sûr pas le cas, la modération gouvernementale n'étant, en l'occurrence, que le révélateur de son laxisme. Jusqu'à la création d'un consistoire et la mise en œuvre d'un Concordat des musulmans, il est impératif d'exiger que les préfectures contrôlent ces mosquées.

À l'automne 2019, la question du voile a refait surface. J'éviterai, évidemment, d'aborder les aspects religieux de cette controverse. Je rappellerai cependant que les responsables musulmans sont eux-mêmes divisés. Si le Conseil français du culte musulman s'est crispé sur la question alors qu'il était dirigé, entre 2017 et 2019, par un président proche de l'islam turc, son prédécesseur, Mohammed Moussaoui, a récemment déclaré que « le port du voile ne faisait pas partie des fondements de la foi musulmane ». Une opinion que partage, on l'a vu plus haut, Tareq Oubrou, lui-même, l'« imam de Bordeaux » pourtant issu des Frères musulmans, même si c'est désormais assez lointain. Ancien maire de Sarcelles, député d'une circonscription de la banlieue nord, je vais me contenter d'un constat très pragmatique. Dans nos rues circulent deux sortes de femmes voilées. D'abord des primo-arrivantes : les premières sont venues du Maroc et d'Algérie il y a quarante et quelques années avec le regroupement familial. Plus récemment, elles ont été rejointes par des femmes débarquées de la

Turquie profonde et du Pakistan. Les unes et les autres portent des foulards colorés qui sont l'expression d'un respect de la tradition plutôt que d'un islam politique.

Et puis, il y a les autres, des femmes généralement plus jeunes, parfois de jeunes filles, qui portent non pas un foulard, mais toutes sortes de voiles islamiques. Abaya, hijab et niqab (ce dernier couvrant le bas du visage) sont des vêtements originaires du Moyen-Orient, en tout cas inconnus dans les cultures du Maghreb. De quoi sont-ils le signe ? À tout le moins d'une revendication identitaire, peut-être d'une soumission à l'islam, et souvent d'un rejet de l'Occident dans son ensemble. Ce sentiment anti-occidental s'est progressivement répandu sous l'effet des crises internationales. La campagne éclair d'Afghanistan qui a permis aux troupes américaines de renverser le régime des talibans après le 11 septembre 2001 a été vécue par une partie de la communauté musulmane comme une agression et comme une humiliation. Pour ces personnes la question n'était pas de savoir si elles approuvaient ou non l'abominable pouvoir de Kaboul, mais de condamner une intervention qu'elles assimilaient à une nouvelle croisade. La seconde guerre d'Irak (2003), la guerre civile en Syrie, les épisodes successifs du conflit israélo-palestinien, et même la liquidation du soi-disant État islamique, n'ont fait qu'aggraver ce rejet de l'Occident. Comment cela se traduit-il en France ? Par une opposition plus ou moins systématique, plus ou moins radicale, plus ou moins excessive à tout ce que représente notre pays. Notre mode de vie, nos institutions, notre démocratie, nos valeurs, nos représentants politiques, notre culture… Chez les jeunes femmes élégantes, en jeans moulants, chaussures Nike, ce voile très ample sur l'arrière de la chevelure est davantage une revendication identitaire, l'affirmation de la fierté de leurs origines, ce qui est tout à fait acceptable, mais il y a aussi, quoi qu'on en dise, une part de rejet de leur terre d'accueil. Pour les autres Français, pour les Français d'autres origines, c'est aussi un constat d'échec. Car ces jeunes femmes de la deuxième génération, ou ces jeunes filles de la troisième sont toutes passées par l'école de la République. Leur pays leur a donné l'accès à l'instruction, à une éducation dans les principes de la République, dont fait partie la liberté de critiquer, parce que Beaumarchais a écrit dans son *Mariage de Figaro* que « sans la liberté de blâmer, il n'est point d'éloge flatteur ». Et c'est tout cela qu'elles rejettent au nom de la liberté… N'est-ce pas là une faillite de notre modèle républicain ?

Enfin il y a les femmes voilées de la tête aux pieds, semblables à des drapeaux noirs de l'islamisme brandis comme autant de défis à la face de notre Marianne, fantômes de nos banlieues qui me font irrémédiablement penser à ces femmes noires de la révolution iranienne manifestant en faveur de leur propre asservissement… Cessons d'être dans le déni : à l'autre bout du spectre islamiste, la France est l'objet d'une haine qui peut prendre des aspects très violents, jusqu'au passage à l'acte terroriste, il faut bien l'admettre. Ces femmes et ces hommes qui sont probablement nés de ce côté-ci de la Méditerranée, qui se sont assis derrière les pupitres de l'école républicaine, dont les parents sont souvent bien intégrés, ces hommes et ces femmes qui vivent de la générosité de cet État providence, ces hommes et ces femmes s'accoutrent de tenues traditionnelles importées du Moyen-Orient pour nous hurler au visage leur haine de la France et des Français.

Faut-il pour autant modifier la loi de 2004 sur le port du voile ? Je ne le pense pas. La laïcité n'est pas déclaration de guerre aux religions, mais le respect du droit de chacun à pratiquer la religion de son choix. Dans l'espace public, chacun est libre, s'il le souhaite, d'arborer un signe vestimentaire religieux. Ce qu'impose la loi, c'est qu'une personne portant une kippa et un châle de prière respecte dans la rue le droit d'une femme à porter une abaya, et réciproquement. Je vois cela tous les jours à Sarcelles sans que cela ne crée la moindre difficulté. Seule restriction : une loi de 2010 interdit, pour des raisons de sécurité, à quiconque de dissimuler son visage dans l'espace public, que ce soit au moyen d'une cagoule ou d'un voile islamique. La loi exclut donc le port du niqab. Ce vêtement lié au wahhabisme et au salafisme est traditionnellement porté en Arabie saoudite ou au Yémen, mais au moins partiellement interdit en Algérie, au Maroc, en Tunisie, en Syrie ou en Égypte, sans parler des pays occidentaux.

On ne change pas non plus la loi imposant la neutralité religieuse dans les administrations. Dans un établissement scolaire de l'enseignement public, les professeurs comme les élèves doivent éviter tout signe religieux ostentatoire.

En revanche, les femmes qui accompagnent bénévolement les sorties scolaires ne sont pas tenues de retirer leur voile. Le Conseil d'État estime seulement qu'elles doivent éviter tout prosélytisme. Une grande partie des mères d'enfants scolarisés dans ma commune étant des primo-arrivantes originaires de Turquie, elles portent évidemment un foulard coloré lorsqu'elles accompagnent une sortie scolaire. Sans elles, pas de piscine, pas de football. Élu local, je ne me verrais absolument pas demander à ces femmes de retirer leur foulard, d'autant qu'elles ne présentent évidemment aucun risque de radicalisation islamique des enfants. Je pense même que défendre une position qui va au-delà des exigences de la loi est contre-productif. J'entends bien le discours des islamistes dans nos banlieues : « Tu vois, les Français te rejettent, ils ne haïssent, ils ne veulent pas de toi ». Alors, les interventions maladroites, agressives, et narcissiques sur la scène médiatique, comme celle de l'élu lepéniste du conseil régional de Bourgogne et Franche-Comté, conduisent immanquablement à précipiter des milliers de musulmans hésitants dans les bras de l'islam radical. Peut-être est-ce la stratégie du Rassemblement national, mais j'estime pour ma part que c'est très exactement ce qu'il faut éviter.

Il ne faut donc pas revenir sur les dispositions de la loi de 2004. D'ailleurs, il faut remarquer qu'elle a été acceptée par les musulmans. Il n'y a pas eu de drame et il y a assez peu d'accrocs. Je n'ai pas même le souvenir que l'UOIF ou « Musulmans de France », les associations proches de Frères musulmans aient provoqué de scandale, exigeant que telle infirmière ou telle institutrice soit autorisée à porter un voile, ou que telle autre officine ait fomenté des provocations publiques, comme les manifs de burkinis dans les piscines. Le seul changement qui me semble souhaitable, c'est l'extension de cette neutralité religieuse à la vie politique. Les élus représentent tous les Français, tout comme la fonction publique est au service de tous les Français. Il serait donc souhaitable qu'ils observent la même neutralité dans le débat politique. C'est à juste titre que l'on s'est scandalisé, au siècle dernier, de voir des députés ou des maires venir remplir en soutane les obligations liées à leur mandat. C'était notamment le cas du chanoine Kir, truculent député-maire de Dijon. Un élu ne peut plus aujourd'hui s'adresser à ses administrés vêtu d'une tenue sacerdotale. Entre 2008 et 2014, l'abbé Élie Geffray, maire socialiste d'Eréac, dans les Côtes-d'Armor, l'avait bien compris : dans ses obligations municipales, Monsieur le Maire était toujours en costume cravate. Pour contenir la progression de l'islam politique, nous devons interdire les signes religieux dans l'espace politique. Pas de foulard aux élections. J'ai dû par exemple affronter une femme voilée au premier tour des législatives de 2017. Sur les panneaux électoraux, cette femme d'origine turque apparaissait en abaya, c'est-à-dire voilée mais pas masquée. Aucun sigle sur ses affiches ou ses bulletins de vote, mais il semble qu'elle était soutenue par le Parti pour l'égalité et la justice, une déclinaison de l'AKP du président turc, et par la Coordination contre le racisme et l'islamophobie, apparemment liée à l'islam radical et à l'extrême gauche. Si l'islamisme turc voulait se compter dans ma circonscription, il a fait 117 voix. On peut sans doute s'interroger sur la légalité de ce type de candidature qui s'apparente terriblement à l'immixtion d'un pays étranger dans les affaires intérieures de la France. Pourquoi la loi française doit-elle accepter cela ? Je serais curieux de savoir si Erdoğan accepterait que La République en marche présente un candidat aux législatives à Ankara, qui proposerait la reconnaissance des génocides arménien et assyro-chaldéen et exigerait de la Turquie le droit de s'exprimer en kurde. Pour nous, en tout cas, l'essentiel est de faire barrage à la présence de l'islam radical dans la vie politique française. Mais ne nous leurrons pas cependant pas : l'interdiction du voile ne suffira pas pour barrer la route aux listes communautaires. Mon adversaire malheureux aux législatives ne s'est pas présenté comme islamiste. Pudiquement étiqueté « divers », il proposait d'améliorer le fonctionnement de l'école et de combattre le chômage. La liste qu'il présente aux municipales ne sera pas davantage « confessionnelle » ou « communautariste ». Mais l'extension de la loi de

2004 à la vie politique pourrait freiner le développement de l'islam politique.

Une note d'optimisme pour terminer ce livre inquiet. En octobre 2019, *Le Monde* publie une pétition sobrement titrée : « Jusqu'où laisserons-nous passer la haine des musulmans ? » Au menu, les amalgames habituels du parti des « pasdamalgame » d'où il ressort que combattre le totalitarisme islamique revient à exprimer une haine à l'égard de nos concitoyens de culture musulmane. La pétition de ce journal est le pendant de l'appel à manifester contre l'islamophobie du quotidien *Libération*, comme si l'un et l'autre avaient décidé de soutenir cet islam des abysses contre tous les musulmans qui veulent rendre leur religion compatible avec les valeurs de la République. Parmi les signataires — « 90 personnalités » —, pas mal de figures de l'islamo-gauchisme. Quelques jours plus tard, l'hebdomadaire *Marianne* publie la réponse du berger à la bergère, sous la forme d'un appel signé par « 100 musulmans de France ». Cette fois, c'est titré : « Le voile est sexiste et obscurantiste ». Les 100 signataires dont il est question ? Des personnes qui se battent tous les jours contre les islamistes et leur vision du monde, en France, comme dans les pays où se situent leurs racines familiales, tels que l'Algérie ou le Maroc. À propos de ces signataires, j'entends, sur les réseaux sociaux, les islamistes fustiger les « bougnoules de service », les « collaborateurs », les « harkis ». Or qu'écrivent-ils dans *Marianne*, les « bougnoules de service » ? Eh bien que « voiler les femmes, c'est stigmatiser leur présence dans l'espace public. Faire d'elles des citoyennes assignées à la scandaleuse identité de "subordonnées au désir supposé des hommes". Or, notre beau pays lutte pour aller vers toujours plus d'égalité entre les sexes. Le sexisme et la diabolisation du corps des femmes sont contraires à nos idéaux ». Ils avouent aussi, les « bougnoules de service » se désoler « de voir ces 90 Français faire l'amalgame entre "des" musulmans orthodoxes obsédés par le corps des femmes, et "les" musulmans tout court ». Ils s'insurgent encore, ces « bougnoules de service », que « des musulmans veuillent figer l'islam dans le paradigme du VIIe siècle, celui du désert arabique, en y greffant le port d'un voile, par ailleurs inexistant dans le Coran. Ces musulmans donnent une telle importance à cet accessoire sexiste créé dans l'Antiquité, qu'ils en ont quasiment fait le sixième pilier de l'islam ». Ces « bougnoules de service » concluent par une supplique : « Alors de grâce, soutenez les Françaises et les Français de confession ou de culture musulmane qui se battent contre cette terrible vague néoconservatrice, venue des pays du Golfe arabo-persique, il y a 30 ans. Ne confondez plus CES musulmans orthodoxes, qui prônent le sexisme par le port du voile, réflexe bien plus identitaire que religieux, avec tous LES musulmans. »

Qui sont les personnes avec qui il me semble avoir tant de choses en commun ? La fameuse fachosphère, dont on nous rebat les oreilles ? J'ai posé des questions, j'ai fouillé l'Internet pour arriver à la conclusion que ces hommes sont en tout point semblables à mes amis, à mon neveu, à mon fils. Et que ces femmes modernes sont parfaitement à l'aise dans leur siècle et dans la France d'aujourd'hui. Les « féministes » autoproclamées peuvent-elles leur contester le droit de vivre à l'occidentale ? Les « progressistes » autoproclamés peuvent-ils exiger de ces femmes et de ces hommes qu'ils renouent avec les modes de vie de la Péninsule arabique au VIIe siècle de notre ère ? Disons « Je suis Marianne » à ces femmes qui incarnent si bien la République. Disons notre solidarité à ces « Français de confession ou de culture musulmane ». Ne les laissons pas seuls. L'appel de *Marianne* devrait être le début d'une mobilisation, le début d'une vague.

Table des matières

Imprimé en France

Composition : Le vent se lève...

N° d'imprimeur : 002416
Achevé d'imprimer : février 2020
par la Nouvelle Imprimerie Laballery
Dépôt légal : janvier 2020